Älterwerden für Anfänger

Silvia Aeschbach

Älterwerden für Anfänger

Willkommen im Klub zum Zweiten!

Fotografien von Gianni Pisano

WÖRTERSEH

Wörterseh wird vom Bundesamt für Kultur mit einem Strukturbeitrag für die Jahre 2016 bis 2020 unterstützt und dankt herzlich dafür.

Lektorat: Lydia Zeller, Zürich
Korrektorat: Brigitte Matern, Konstanz, und Andrea Leuthold, Zürich
Umschlaggestaltung: Thomas Jarzina, Holzkirchen
Fotos Umschlag: Gianni Pisano, Zürich
Layout, Satz und herstellerische Betreuung: Lucius Keller
und Andrea Leuthold, Zürich
Bildbearbeitung: Michael C. Thumm, Blaubeuren
Druck und Bindung: CPI – Ebner & Spiegel, Ulm

Print ISBN 978-3-03763-078-5
E-Book ISBN 978-3-03763-698-5

www.woerterseh.ch

MIX
Papier aus verantwortungsvollen Quellen
FSC® C083411

Für Hanspeter

Älterwerden ist nichts für Feiglinge.
Das gilt auch für Männer.

Inhalt

Männer altern anders

Letzten Sommer besuchte ich ein Bruce-Springsteen-Konzert. Der 67-jährige vor Energie sprühende Musiker wäre natürlich ein Wunschkandidat für dieses Buch gewesen. Während rund dreieinhalb Stunden fegte er über die Bühne, ohne einmal eine Pause einzulegen, und ließ an diesem Abend an die 50 000 Menschen singen, tanzen und jubeln. Viele der Konzertbesucher waren im mittleren Alter. Die Fans waren mit ihrem Idol älter geworden und schienen nur darauf gewartet zu haben, an diesem Abend den Alltag für einige Stunden hinter sich zu lassen.

An großen Pop- und Rockkonzerten lassen ja vor allem die Frauen ihren Emotionen freien Lauf. An diesem Abend allerdings schienen besonders die Männer in Hochform zu sein. Nicht, dass sie sich grölend in den Armen gelegen wären. Nein, sie wirkten einfach unglaublich entspannt und fröhlich. Ich sah die Freude auf ihren Gesichtern, und als »Dancing in the Dark« ertönte, tanzte jeder mit. Tausende von Männern, viele davon gut aussehend und wohl auch beruflich etabliert, feierten hier, als ob es kein Morgen gäbe. Im Alltag sind sie vielleicht Ärzte, Banker oder Lehrer, viele davon wahrscheinlich Anzugträger, aber hier durften sie sein, wie sie wollten, und in ihren Sommerhosen und Shirts wollten sie nur eines: den Abend in vollen Zügen genießen. Natürlich waren viele in weiblicher Begleitung da, aber es gab auch etliche Männer, die mit ihren Kollegen und Freunden gekommen waren. Meine Freundin Karin, die seit Jahren einen Freund im besten Alter sucht, wäre hier sicher fündig geworden.

Bei aller Ausgelassenheit, die um mich herum herrschte, fühlte ich eine gewisse Wehmut, und ich fragte mich: »Wo bleibt denn diese Fröhlichkeit, diese Lebensfreude im Alltag?« Da sehe ich nämlich vorwiegend ernste, wenn nicht sogar mürrische Gesichter. Bei Anlässen, die ich als Journalistin beruflich besuche, begegnet man sich freundlich, aber ohne Herzlichkeit, und bei privaten Einladungen steigt die Stimmung oft erst nach dem dritten Glas Wein.

Vor allem bei Männern um die fünfzig habe ich oft das Gefühl, dass sie ihre Freude am Leben gegen Karriere, Prestige und Verantwortung eingetauscht haben. Viele fragen sich in der Lebensmitte, so habe ich bei der Arbeit an diesem Buch herausgefunden: »War das jetzt alles? Soll ich ausbrechen oder auf einen zweiten, dritten Frühling mit der eigenen Frau hoffen? Mich für eine jüngere Freundin oder nur für eine Harley-Davidson entscheiden? Oder für beides?« Einige sind bescheidener und würden sich einfach ein neues und unfehlbares Haarwuchsmittel wünschen.

Nachdem ich letztes Jahr mein Buch »Älterwerden für Anfängerinnen – Willkommen im Klub!« veröffentlicht hatte, wurde ich immer wieder darauf angesprochen, ob ich nicht auch ein Buch über das Älterwerden von Männern schreiben wolle. Ich zögerte, bin ich doch keine Fachfrau für Männerthemen. Und ich fragte mich: »Würden sich die Männer mir gegenüber so öffnen, wie es die Frauen getan hatten?« Doch die Lust, dieses Buch zu schreiben, besiegte meine Skepsis.

Schnell wurde klar: Männer altern anders als Frauen. Während sich Frauen schon früh mit ihrer Gesundheit auseinandersetzen und ja in einigen Phasen ihres Lebens hormonellen Veränderungen unterworfen sind, verstehen Männer ihren Körper als Ressource und schenken ihm oft erst Beachtung, wenn er nicht mehr so funktioniert, wie sie das gewohnt sind. Doch viele verdrängen auch größere Beschwerden, bis sie vielleicht durch einen gesundheitlichen Ernstfall zur Auseinandersetzung mit sich selbst und ihren Gewohnheiten gezwungen werden.

Der Anfang meiner Recherche gestaltete sich allerdings etwas harzig. Die Frauen hatten einem Porträt meist sofort freudig zugestimmt. Die Männer dagegen reagierten zwar freundlich auf meine Anfrage, aber auch verhalten und eher zögerlich. Natürlich, so gaben sie zu, beschäftige sie das Thema Älterwerden, aber so öffentlich darüber reden? Einer meiner Wunschkandidaten wollte wissen, was für Fragen ich stellen würde. Ein anderer bat sogar: »Silvia, bitte schicke mir doch mal ein Konzept mit den fünf wichtigsten Punkten, was ich zu deinem Buch wissen muss. Am besten in einer kleinen Präsentation.«

Ich schluckte meinen aufkeimenden Ärger hinunter. Es ging hier doch um ein Gespräch über Gefühle und persönliche Eindrücke und nicht um eine Power-Point-Präsentation! Doch gleichzeitig wurde mir bewusst, dass in dieser Antwort auch eine gewisse Unsicherheit und der Wunsch nach Kontrolle mitschwangen. Andere Bemerkungen von Männern, die ich um ein Interview gebeten hatte, deuteten in die gleiche Richtung: »Muss ich dann über meine Gefühle reden?« oder »Kann mir ein solches Buch nicht auch schaden?« waren häufig genannte Befürchtungen.

Was mich besonders erstaunte: Männer aus meinem näheren Umfeld zierten sich besonders. Sie hätten durchaus Vertrauen in mich als Autorin und Mensch, meinten sie, aber das Thema sei doch sehr heikel und betreffe ihre Intimsphäre. Zuerst war ich wegen des Zögerns ein bisschen beleidigt, aber letztlich spornte mich ihre Verhaltenheit noch mehr an, dieses Buch zu schreiben.

Und dann gab es auch die Männer, die mich mit ihrer Offenheit überraschten. So der Kommunikationsexperte Peter Brun, der im Topmanagement arbeitet und mir erzählte, wie er im fortgeschrittenen Alter, verheiratet und Vater zweier Töchter, sein Coming-out hatte. Oder der Tanzlehrer Andreas Tröndle, der über die Vergänglichkeit des Körpers philosophierte und mich wissen ließ, welchen Umgang er mit dem Älterwerden gefunden hat. Imponiert hat mir auch der Schauspieler Stefan Gubser. Zum ersten Mal spricht er in der Öffentlichkeit über sein Burn-out in der Lebensmitte und darüber, wie schwer sein Weg aus der Depression war.

Nach den ersten Gesprächen wurde mir klar: Das Älterwerden der Männer wird gesellschaftlich nicht so tabuisiert wie das der Frauen; viele Männer gelten in ihren Fünfzigern, im Gegensatz zu Frauen, noch immer als attraktiv. Die meisten Männer erleben aber um die Lebensmitte herum eine gewisse Sinnkrise sowie einen körperlichen und geistigen Abbau. Besonders heftig können diese Beschwerden werden, wenn es scheint, als ob die Lebenschancen vertan wären. Einige können nicht verschmerzen, dass ihnen der »große Wurf« nicht gelungen ist und es vielleicht keine neuen Chancen mehr geben wird.

Und auch wenn es ihnen seelisch gut geht: Der Körper spricht seine eigene Sprache. Nach dem vierzigsten Lebensjahr lässt die Produktion der männlichen Hormone und damit auch die Stressresistenz nach. Mit fünfzig muss der Mann sich eingestehen, dass er rein mathematisch mehr Lebenszeit hinter sich hat als vor sich. Und viele fragen sich dann: »Was habe ich im Leben erreicht? Bin ich bereits am Ziel angekommen? Was will und kann ich überhaupt noch?«

Auch hier kann man die Tatsachen akzeptieren, oder man kämpft im Fitnessstudio gegen sie an. Oder besucht den Schönheits-Doc und lässt sich die Schlupflider liften, damit der Blick wieder wacher wird. Botox und Füller werden ausprobiert. Sogar Popstar Robbie Williams gab letztes Jahr solche Verjüngungsmaßnahmen zu. Natürlich muss man im Showbusiness möglichst attraktiv aussehen, aber dafür Botox spritzen? Robbies leicht zerknautschtes Gesicht und sein schiefes Grinsen haben doch einen großen Teil seines Charmes ausgemacht. Schade!

Und dann gibt es natürlich auch die Männer, die versuchen, einen lockeren Umgang mit dem Älterwerden zu pflegen: die Krisen nicht verdrängen, sondern als Chance betrachten. Sie haben eines gemeinsam, die fünfzehn Männer zwischen 48 und 68, die ich für dieses Buch interviewt habe: Sie haben offen mit mir über ihre Erfahrungen und Gefühle im Zusammenhang mit dem Älterwerden gesprochen. Sie mögen gänzlich verschiedene soziale Hintergründe und Lebensentwürfe haben, aber eines ist allen gemein: Sie sehen das Älterwerden, trotz aller Schwierigkeiten, als positive Herausforderung an. Hier sind ihre Geschichten.

»Ich zweifelte lange an mir«

Der Differenzierte: Stefan Gubser, 60, Schauspieler

Man trifft sich im Leben immer zweimal. Diese Redewendung scheint auf Stefan Gubser und mich zuzutreffen. Vor 25 Jahren habe ich ihn als Jungjournalistin für ein Schweizer Frauenmagazin interviewt. Es war eines der ersten großen Interviews, die ich machen durfte. Wie es sich für eine junge, ehrgeizige Journalistin gehörte, war ich zu früh bei unserem Treffpunkt. An diesem Montagnachmittag war das Lokal vor allem von Pensionären besucht, die sich beim Jassen und bei einem Bierchen die Zeit vertrieben. Ich bestellte einen Pfefferminztee, und einer der Männer rief zu meinem Tisch herüber: »Na, Fröllein, so allein! Kommen Sie doch zu uns!« Ich lächelte verlegen, schüttelte den Kopf und vertiefte mich in die Fragen, die ich Stefan Gubser stellen wollte.

Je länger ich wartete, desto nervöser wurde ich. Die Nervosität legte sich auch nicht, als der Schauspieler pünktlich das Restaurant betrat und sofort auf meinen Tisch zuging. Himmel, der Kerl sah ja genauso gut aus wie im Fernsehen! Ich spürte, wie meine Hände feucht wurden, als er vis-à-vis Platz nahm. Und dann geschah etwas Seltsames. Ich bemerkte, dass auch er nervös war, denn es zeigte sich auf die gleiche Weise wie bei mir. Wir hatten beide lockiges Haar, und eine Strähne, die ihm wie mir ins Gesicht fiel, bebte leicht. Zu spüren, dass es ihm ähnlich ging wie mir, verlieh mir Selbstvertrauen und Ruhe. Und das Interview wurde tatsächlich zu einem schönen Erlebnis. Nachdem wir fast drei Stunden miteinander gesprochen hatten, fand ich sogar den Mut, ihn auf das Zittern der Haare anzusprechen. Er lachte laut und meinte: »Da haben wir ja genau das gleiche Problem. Ich habe mir sogar schon überlegt, die Haare an der Stirn ganz kurz schneiden zu lassen, damit das niemandem mehr auffällt.«

Nach diesem Gespräch war ich ziemlich begeistert von meinem Interviewpartner. So begeistert, dass mein damaliger Freund jedes Mal, wenn ich von diesem Treffen erzählte – und das tat ich oft –, schnödete: »Jetzt hör mir mal mit diesem Gubser auf!« Ich habe mich darum wirklich gefreut, als Stefan Gubser zusagte, bei diesem Buch mitzumachen. Und natürlich stellte ich mir im Vorfeld die Frage: »Wird er sich an mich und das Interview erinnern?«

Seine Begrüßung ist herzlich, und ja, er weiß tatsächlich noch, wer ich bin. »Du hattest aber längere Haare«, bemerkt er. »Deine sind auch kürzer geworden«, entgegne ich nicht eben schlagfertig. Und für ein paar Minuten fühle ich mich wieder so unsicher wie damals als junge Journalistin. Doch Gubser lässt keine Verlegenheit aufkommen, und tatsächlich dauert es nur wenige Minuten, und ich spüre eine Art alte Vertrautheit zwischen uns.

Seit 35 Jahren ist Stefan Gubser freischaffender Schauspieler. In dieser Zeit hat er in zweihundert Filmen rund achtzig Rollen gespielt. Bekannt wurde er beim Fernsehpublikum durch Serien wie »Eurocops«, »Kurklinik Rosenau« und etwa sechzig Fernsehfilme. Er brillierte am Theater und hatte eine eigene Theater-Produktionsfirma. Am bekanntesten ist er allerdings durch seine Schweizer »Tatort«-Rolle als Kommissar Reto Flückiger geworden. »Der ›Tatort‹ ist für mich als Schauspieler ein Lottogewinn«, schwärmt er. »Das feste Engagement mit dem tollen Team ist ein echter Glücksfall.« Er könne mit den besten Leuten in der Branche zusammenarbeiten. Je länger man sich kenne, desto vertrauter werde man. »Und das führt zu einer ungeheuren Kreativität. Man kann aus dem Vollen schöpfen.«

Der Job als Ermittler garantiert Gubser sechs Monate Arbeit. Zwei Folgen, für die jeweils fünf Wochen gedreht wird, plus Vor- und Nachbearbeitung sowie Synchronisation geben ihm eine »gewisse finanzielle Unabhängigkeit«. Trotzdem, ausruhen kann er sich nicht auf seinen beruflichen Lorbeeren. Zum Zeitpunkt unseres Treffens ist nämlich noch nicht klar, ob es den Schweizer »Tatort« weiter geben wird. Belastet ihn diese Unsicherheit?

»Die Frage, ob ich einen neuen Job bekomme, und wenn ja, was für einen, kenne ich seit 35 Jahren«, sagt der gebürtige Winterthurer. Sollte er nach dieser langen Zeit nicht selbstsicherer sein? »Nicht unbedingt. Mit dem Alter werde ich immer sensibler. Die Klippen, die ich umschifft, die Tiefschläge, die ich erlebt habe, haben mich nicht mutiger gemacht. Im Gegenteil: Ich bin vorsichtiger und selbstkritischer geworden.« Aber schließlich sei es auch die Tagesform, die darüber entscheide, wie er sich fühle. »Geht es mir gut, dann denke ich, es kommt super, bin ich schlecht ›zwäg‹, dann verspüre ich schon eine gewisse Angst vor der Zukunft.«

Auch wenn das Ende des Schweizer »Tatorts« für ihn »ein großer Einschnitt« wäre, eine gewisse berufliche Unsicherheit treibt Gubser an, Neues anzugehen. So hält er regelmäßig musikalisch umrahmte Lesungen und tüftelt an neuen Projekten. Wie empfindet er das Älterwerden als Schauspieler? »Es freut mich, dass ich mit zunehmendem Alter der Rolle des jugendlichen Liebhabers entwachsen bin.« Fishing for compliments? Vielleicht ist er nicht mehr der jugendliche Liebhaber, aber als reifen Lover kann man sich Gubser gut vorstellen.

»Am wohlsten fühle ich mich in Charakterrollen. Ich mag komplizierte Figuren. Gell, das würde man mir nicht unbedingt geben?«, scherzt er. Doch ich sehe Stefan Gubser gut in der Rolle als innerlich zerrissenem Charakter. Obwohl er eine liebenswürdige und warme Ausstrahlung hat, spürt man durchaus auch etwas Schweres, Zweiflerisches.

In seinem Berufsleben muss er Unsicherheit und ständige Veränderungen aushalten; sein Privatleben hingegen ist beständig: Seit 22 Jahren ist er nun mit Brigitte verheiratet. »Sehr glücklich«, wie er betont. Die attraktiven Kolleginnen am Filmset – geriet er da nie in Versuchung? »Als Brigitte und ich zusammenkamen, war ich bereits 38 Jahre alt und gefestigt.« Vorher habe er sich schon mehrmals am Set verliebt. »Sie ist schwierig, diese Gratwanderung zwischen Berufs- und Privatleben.« Allerdings ist er sich sicher: »Ich werde mich nicht mehr in eine Kollegin verlieben. Dafür lege ich meine Hand ins Feuer.«

Aus einer ersten Ehe hat er eine Tochter, Stefanie, 36, mit der er ein »super Verhältnis« habe. »Wir stehen uns sehr nahe, und ich bin sehr stolz auf sie«, sagt er. Sein »ganz großes Glück« aber ist seine zweite Frau. »Brigitte ist einmalig. Sie hat Vertrauen in mich und verfügt über ein enormes Durchhaltevermögen, das es an der Seite eines Zweiflers wie mir auch braucht. Sie kennt mich in- und auswendig. Bei ihr kann ich mich fallen lassen.«

Dass er von seiner Frau auch in schwierigen Zeiten aufgefangen wird, hat er vor wenigen Jahren erlebt, als er unter einer akuten Erschöpfungsdepression litt. »Als ich nach siebenwöchigen Dreharbeiten aus Äthiopien zurückkam, ging es mir grottenschlecht. Ich litt unter Panikattacken und kam kaum mehr aus dem Bett.« Diese Phase, in der er an allem und vor allem an sich selbst zweifelte, dauerte monatelang und brachte ihn psychisch an den Anschlag.

Eine Midlife-Crisis? »Vielleicht hatte die Angst vor dem Älterwerden auch einen Einfluss auf meinen Zustand, aber die Hauptursache war, dass ich mir über Jahre hinweg zu viel zugemutet hatte.« Gubsers große Herausforderung in dieser schwierigen Zeit: Er habe lernen müssen, das Älterwerden und alles, was es mit sich bringt, zu akzeptieren. »Ich musste mir zugestehen, dass meine Kräfte nachließen und ich definitiv in der zweiten Lebenshälfte angekommen war. Damals wurde mir eigentlich das erste Mal bewusst, wie endlich das Leben ist.«

Nachdem sich Stefan Gubser wieder etwas gefangen hatte, beschloss das Paar, ein gemeinsames Sabbatical zu verbringen. Brigitte Gubser kündigte 2013 ihren CEO-Job in einer großen Media-Agentur. Zusammen fuhren sie auf einem Frachtschiff zwischen den verschiedenen Inseln der Marquesas durch den Südpazifik, wanderten durchs Tessin und das Münstertal. Auch die Freunde seien in dieser Zeit eine große Hilfe gewesen. »Einige Freunde kenne ich seit vierzig oder fünfundvierzig Jahren. Das können neue Freunde gar nicht mehr aufholen.«

2017 wird Stefan Gubser sechzig Jahre alt. »Der Geburtstag löst keine negativen Gefühle aus, meine große Krise hatte ich ja schon. Aber ich mache jetzt einiges anders als noch vor ein paar Jahren. Früher nahm ich beruflich alles an, was man mir anbot. Das hat auch zu einer gewissen Überforderung geführt. Heute bin ich wählerischer.« Den Ehrgeiz früherer Jahre kenne er nicht mehr. »Und zum ersten Mal spüre ich auch eine innere Ruhe.«

Gubser hat dadurch Energie gewonnen. Bewusst probiert er immer wieder Neues aus. So hat er den Hochseeschein im Segeln gemacht und vor kurzem begonnen, Golf zu spielen. »Eine riesige Herausforderung für mich. Nicht nur körperlich, sondern auch mental. Es gibt mir einfach eine positive Energie«, freut er sich. Sowieso sei die Bewegung in der freien Natur sehr wichtig für ihn. »Ich bin nicht der Typ fürs Fitnessstudio.«

Stefan Gubser versucht, unabhängig von der Meinung anderer seinen Weg zu gehen. »Ich habe gelernt, mich selber nicht mehr runterzumachen«, sagt er nachdenklich. »Mein Selbstbild war lange nicht das beste. Und auch heute noch schwankt mein Selbstbewusstsein.« Das erstaunt, ist er doch einer der erfolgreichsten Schweizer Schauspieler, ist attraktiv, lebt in einer glücklichen Beziehung … Warum diese Selbstzweifel?

»Ich bin sehr leistungsbezogen aufgewachsen und versuchte immer, die Erwartungen anderer zu erfüllen. Das führte zu einem enormen Druck. Heute will ich vor allem mit mir selbst zufrieden sein. Ich befreie mich auch von manchem, was mein Elternhaus betrifft.« Das klingt nach einem Spätzünder. »Das kann schon sein«, sagt er, »aber es ist doch schön, immer wieder neue Erfahrungen zu machen.« Ginge es nach den Genen, dann hätte Stefan Gubser noch recht viel Zeit für seine Selbstfindung. Sein Vater wird hundert Jahre alt, seine noch sehr aktive Mutter ist zweiundneunzig.

Es ist Abend geworden. Das Bier ist ausgetrunken. »Jetzt warten wir aber nicht wieder 25 Jahre bis zum nächsten Treffen«, scherzt Gubser.

Dem kann ich mich nur anschließen.

»Bewunderung tut mir immer noch gut«

Der Bewegte: Andreas Tröndle, 52, 5-Rhythmen-Tanzlehrer

Wie eine Mischung aus Richard Gere und George Clooney: Andreas Tröndle ist einer dieser Männer, bei deren Anblick viele Frauen (und auch Männer) weiche Knie bekommen. Ein attraktiver Silberfuchs, der sich seines guten Aussehens durchaus bewusst ist, dieses aber manchmal auch »als Bürde« empfindet. »Ich weiß, dass ich oft eine Projektionsfläche für andere bin. Dadurch kann sich schon eine Art Einsamkeit einstellen. Ich will ja um meiner selbst willen und nicht nur wegen meiner Oberfläche geliebt werden«, sagt der gebürtige Süddeutsche.

Als Tanzlehrer hat Tröndle Hunderte von Schülern in die Lehre des 5-Rhythmen-Tanzes eingeführt. Seine Veranstaltungen in der offenen Kirche St. Jakob in Zürich und seine Workshops waren immer außerordentlich gut besucht. Wer bei ihm getanzt hat, ist voll des Lobes. Sensibel sei er, begeisternd und charismatisch, schwärmen seine Schüler.

Bei unserem Treffen wirkt Andreas Tröndle zwar offen, gleichzeitig aber auch zurückhaltend. Nicht gerade das, was man von einem umschwärmten Beau erwartet. Nach all den Lobgesängen, die ich im Vorfeld über ihn gehört hatte, erwartete ich irgendwie einen glamouröseren Auftritt. Aber Tröndle sitzt, fast etwas unscheinbar im grauen Sweater und in den hellblauen Jeans, in der Lounge des Hotels, in der wir uns verabredet haben.

Als hätte er meine Gedanken gelesen, sagt er: »Vor noch nicht so langer Zeit hättest du hier einen anderen Mann getroffen.« Ein interessanter Einstieg in unser Gespräch. Meine Neugierde ist geweckt. Einen anderen Mann? Tröndle klärt auf: »Ich habe eine neunmonatige Auszeit hinter mir, die vieles in meinem Leben verändert hat.«

Die klassische Midlife-Crisis? Er zuckt die Schultern und fährt sich durch sein kurz geschnittenes, graues Haar. »Ich weiß nicht, ob man das so sagen kann, aber ich hatte einfach das Gefühl, mein Lebenszug fahre immer schneller und ich verpasse es, Halt zu sagen.« Einerseits habe er seinen Erfolg und sein temporeiches Leben genossen, aber der Druck, etwas Grundsätzliches ändern zu wollen, sei immer stärker geworden. Also beschloss er, sich für einige Monate aus dem Alltag auszuklinken, um sich nur mit sich selbst auseinanderzusetzen. Sein Umfeld war irritiert. Vor allem seine Lebenspartnerin hatte Mühe, doch Tröndle blieb bei seiner Entscheidung: »Wenn ich etwas mache, dann mache ich es richtig. Dieser Entschluss musste einfach sein, sonst hätte ich mich verloren.«

Und wie erlebte er die Abkehr vom bisherigen Leben und seine innere Einkehr? Tröndle lacht: »Zuerst war es der reine Horror. Ich konnte anfangs überhaupt nicht mit dieser neuen Freiheit umgehen. Plötzlich war mein Lebensinhalt, das Unterrichten, der Erfolg, die Wertschätzung und die positiven Feedbacks, verschwunden. Und plötzlich fiel es mir wie Schuppen von den Augen, wie stark ich mein Selbstwertgefühl und mein ganzes Leben vom äußeren Umfeld abhängig gemacht hatte.« Und diese Einsicht erschreckte ihn.

Er habe in dieser Zeit oft mit seinem 82-jährigen Vater gesprochen und ihm gesagt, er fühle sich wie ein Pensionär. »Fünfzehn Jahre hatte ich beruflich Vollgas gegeben. Das war reizvoll, verführerisch und spannend gewesen, doch jetzt fühlte ich mich einfach leer und wusste nicht, was ich mit meiner Zeit anfangen sollte«, erinnert sich Tröndle. Was ihm in dieser Zeit geholfen habe, sei seine Spiritualität. »Ich bin nicht klassisch religiös, aber das Wissen, dass da etwas Größeres ist, das meine Wege leitet, gab mir Kraft.«

Andreas wuchs in einem streng religiösen Zuhause auf. »Mein Vater war Schreiner und stellte Kirchenbänke her, meine Mutter war sehr gläubig und erwartete von mir, dass ich Priester werde.« Tröndle ging aufs katholische Internat, studierte später Theologie und war dann fünf Jahre in der Jugendseelsorge tätig. Wenn er an seine Kindheit denke, dann bleibe ihm vor allem in Erinnerung, dass er fähig gewesen sei, in der konfliktreichen Beziehung seiner Eltern zu vermitteln. Und er habe in dieser Zeit viel Sport gemacht. Sich zu bewegen, sei schon immer ein wichtiges Bedürfnis gewesen. »Man konnte mich nicht ruhigstellen, ich war wohl ein klarer Fall eines ADHS-Kindes«, erinnert er sich. »Als ich nach dem Studium und während der Jugendarbeit das 5-Rhythmen-Tanzen entdeckte, war ich angekommen. Ich besuchte einen Workshop, und schon in der zweiten Stunde wusste ich: Das will ich später machen. Da vorn stehen und unterrichten.«

Beim Tanzen der 5 Rhythmen müssen keine Schritte erlernt oder Choreografien eingeübt werden. Jeder kann sich von den

Bewegungen, auch »Dancing the Waves«, »Tanzen der Wellen«, genannt, mitreißen lassen. »The fastest way to still your mind, is to move your body«, sagt die Erfinderin der 5 Rhythmen, die Amerikanerin Gabrielle Roth. Der schnellste Weg, Ruhe in deinen Kopf zu bringen, ist, deinen Körper zu bewegen. Diese freie Tanzform beinhaltet fünf Ausdrucksformen: Fließen, Staccato, Chaos, Lyrik und Stille stehen für verschiedene Lebensabschnitte. Getanzt wird zu den unterschiedlichsten Musikrichtungen.

Nachdem er die erste Leere in seiner Auszeit bewältigt hatte, fragte sich Tröndle Grundsätzliches: »Wer bin ich? Was mache ich? Wohin will ich?« Fragen, die man sich in der Pubertät stellt. Und wie eine zweite Pubertät empfand der damals Fünfzigjährige diese aufregende Zeit der Sinnsuche tatsächlich. »Nach einer Weile wurde ich innerlich ruhiger, mein System begann langsam runterzuschalten.« Und er fand Wege, mit der neuen Stille umzugehen. Meditierte, ging im Wald spazieren, statt zu joggen, und er fand Gefallen am Nichtstun. »Manchmal blieb ich morgens einfach im Bett liegen und hing meinen Gedanken nach oder schaute einen Film.« Natürlich hatte er manchmal ob dieses Müßiggangs ein schlechtes Gewissen. Aber so wenig er äußerlich in Bewegung gewesen sei, so viel sei innerlich abgelaufen. In dieser Zeit begann sich Andreas Tröndle aufs Älterwerden und die stillere Zeit zu freuen, »denn ich wusste, ich kann mein Leben auch ohne Aktionismus ausfüllen«.

Es wurde ihm aber auch bewusst, wie sein Alter aussehen könnte, nämlich, dass er als Tanzlehrer so lange wie möglich arbeiten werde. »Ich will unterrichten, bis ich selber im Rollstuhl sitze. Denn selbst im hohen Alter kann einem Bewegung immer noch etwas geben.« Und er erzählt begeistert, wie er manchmal im Altersheim seiner Mutter »die alten Leute ein bisschen mobilisiert« und welche Freude ihm das mache. »Der Körper will Bewegung, und er kann fast immer einen Ausdruck finden«, ist er überzeugt. Und plötzlich ist es da, dieses Charisma, von dem seine Schüler schwärmen, und es hat nichts zu tun mit seinem attraktiven Äußeren, sondern es ist seine Begeisterung und ein inneres Feuer.

Es sind fast zwei Jahre seit Andreas Tröndles Auszeit vergangen. Einiges hat sich verändert. Er hat sein Arbeitspensum um die Hälfte reduziert, gibt in der Kirche St. Jakob keine Stunden mehr und pflegt wenige, »aber intensivere Kontakte«. Seine Auszeit hatte aber auch weitreichende Konsequenzen. Die Beziehung zu seiner Lebenspartnerin kam zu einem Ende, langjährige Freundschaften gingen auseinander.

Heute ist Andreas Single und genießt diesen Zustand, er sucht nicht nach Abenteuern. »Viele Flirtgeschichten sind heute reizlos für mich«, und vor allem dieses »Ich will dich haben, du gehörst mir« lehne er total ab. Auch wolle er nicht mehr überall gut ankommen. »Ich brauche diese Ego-Booster nicht mehr, obwohl«, er lacht schalkhaft, »ich sicher in gewisser Weise immer noch narzisstisch veranlagt bin und die Bewunderung mir immer noch guttut.«

Und wie erlebt er sich selbst? Hat seine neu gefundene, innere Ruhe auch den Alltag überlebt? Tröndle beantwortet die Frage mit der Schilderung einer Episode: »Kürzlich habe ich in den Spiegel geschaut und hinter meiner Fassade ein verletzliches, unsicheres Wesen entdeckt. Eine andere Facette von mir«, sagt er. »Was ich früher nicht gesehen habe, kann ich jetzt akzeptieren. Und das ist gut so.«

Vater ist der Beste

Als ich geboren wurde, war mein Vater bereits 45 Jahre alt. Ein Mann im besten Alter. Eigentlich hatten meine Eltern nicht mehr mit einem »Nachzüglerli« gerechnet. Meine Schwester Jeannette war schon acht Jahre alt, und meine Mutter hatte vor mir vier Fehlgeburten. Die Familienplanung war also eigentlich bereits abgeschlossen.

Und dann kam ich. Alle Ärzte hatten prophezeit, dass ich ein Bub werden würde, wegen »der kräftigen Herztöne«, wie sie sagten. Mein Vater war bei der Geburt dabei, weil er Mama nicht allein lassen wollte. Später erzählte sie mir, dass er vor Freude ausgeflippt sei. Er sei im Spital den langen Gang rauf- und runtergerannt und hätte gejubelt: »Es isch es Meiteli!« Ich habe meine Mutter auch gefragt, warum er unbedingt ein weiteres Mädchen haben wollte. Sie lachte nur und sagte, er habe gemeint, dass es mit einem Mädchen weniger Probleme gebe als mit einem Buben.

Unsere ersten gemeinsamen Jahre waren ziemlich sorgenfrei. Vom Teenager- bis ins Erwachsenenalter war ich aber anscheinend ziemlich anstrengend. Er allerdings auch. Ich musste oft an ihn denken, als ich dieses Buch schrieb. Als später Vater hätte er gut dazu gepasst. Denn viele der Männer, die ich interviewt habe, sind fünfzig bis sechzig Jahre alt.

Mein Vater war ein schöner Mann. Und das sagt nicht nur eine liebende Tochter, sondern das zeigen viele Fotografien aus dieser Zeit. Groß, schlank, das dichte Haar war bereits grau meliert, und er trug stets eine schwarze Hornbrille. Ein bisschen sah er aus wie der amerikanische Filmschauspieler Cary Grant. Er war als Chemieprofessor am Technikum in Winterthur auf seinem beruflichen Höhepunkt und extrem stolz darauf, von einer Mechanikerlehre aus seinen Weg gemacht zu haben.

Als Teenager war es mir immer ein bisschen peinlich, dass mein Vater ein Professor war. Erst heute verstehe ich, wie sehr ihn das verletzt haben muss. Sein Beruf war ihm immer unglaublich wichtig. Ich glaube, er war ihm sogar wichtiger als die Familie. Er gab ihm das Selbstbewusstsein, das er als junger Mann, der in sehr bescheidenen Verhältnissen aufgewachsen war, lange nicht hatte.

Einmal hat er mir erzählt, dass sein Vater jeweils wochenlang kein Wort mit ihm wechselte, und er hat mir anvertraut, wie sehr er darunter litt. Das war eines der wenigen Male, in denen er offen über seine Gefühle sprach. Das Reden war eh nicht seine Stärke; vielleicht ein Erbe seines Vaters.

Wenn ich an meine Interviewpartner denke und daran, wie sie mir jeweils von ihren Kindern vorgeschwärmt und deren Stärken gelobt haben, macht mich das ein bisschen traurig. Ich selbst hatte immer das Gefühl, meinem Vater nicht genügen zu können. Er war sehr leistungsorientiert, vielleicht, weil er sich selbst alles so hart erarbeiten musste. Dasselbe hat er auch von seiner Tochter erwartet.

Für mich als kleines Mädchen war mein Vater der Fels in der Brandung. Vielleicht, weil er schon älter war und seine Persönlichkeit ausgereift, konnte er mir immer das Gefühl der Sicherheit vermitteln. Und ich war ja ein sehr ängstliches Kind.

Wenn wir während der Ferien in den Bergen in dunkler Nacht spazieren gingen, erklärte er mir die Sternbilder am Himmel und weckte so mein Interesse an der Astronomie. Und wir hatten unsere kleinen Rituale. So kletterte ich jeweils auf seinen Schoß, wenn er am Zeitunglesen war, und kraulte ihn am Kinn. Dann tat er so, als wäre er ein Hund, und fing zu bellen an. Oder ich durfte ihm seine geliebte Pfeife stopfen, deren Duft ich so gernhatte. Das Schönste aber war, wenn er sich am Abend zu mir auf mein Bett legte, um mir eine Geschichte zu erzählen. Sie fing immer so an: »Frau Wirtin hatte einen Pudel, der war ne olle Nudel«; dann fabulierte er irgendeinen Unsinn zusammen, und ich lachte mich schief.

Obwohl er älter als die Väter meiner Schulkameraden war, empfand ich ihn nie als alten Mann. Im Schwimmbad machte er eine gute Figur, beim Wandern übernahm er stets die Führung, und krank habe ich ihn in meiner Kindheit und Jugend nie erlebt. Er war ein richtiger Heißsporn und hat manchmal auch mit Mitte fünfzig noch wie ein Lausbub gehandelt. So sprang er regelmäßig aus langsam fahrenden Zügen, wenn er aussteigen wollte, diese aber noch nicht angehalten hatten. Auch das erinnert mich an einige meiner Interviewpartner, die darauf stolz sind, dass sie sich manchmal noch wie »Kindsköpfe« fühlen.

Vater war immer sehr um seine Familie besorgt. Auch hier erkenne ich Parallelen zu den porträtierten Männern. Nie gingen wir in die Ferien, ohne dass er einen großen Medizinkoffer gepackt hätte. Was die eigenen Schwächen betraf: Einmal hat er mir verraten, dass er wie ich als Jugendlicher unter Panikattacken gelitten hat. Er wollte mich damit trösten, aber seine Offenbarung verunsicherte mich; ich wollte einen starken Vater haben.

Viel später, als ich längst erwachsen war, haben wir unsere Rollen getauscht. Er war wegen seiner Demenzerkrankung wieder zum Kind geworden, ich musste die Rolle des Starken übernehmen. Doch auch in diesen dunklen Jahren schien immer wieder seine wahre Natur durch. In seinen klaren Zeiten gab er mir Anweisungen, wie ich seine Abdankungsrede redigieren sollte, die er schon Jahre zuvor verfasst hatte. Er diskutierte mit mir über seinen Lieblingsschriftsteller Joseph Roth, und ich musste ihm über meine beruflichen Erfolge berichten. Aus der Schulversagerin war doch »etwas geworden«. Dies versöhnte mich mit meinem Gefühl, ihm lange Zeit mit meinen Leistungen nicht imponiert zu haben. Doch dann hatte er auch wieder seine verwirrten Zeiten. Er verwechselte mich mit Mama, und er schaute in seinem Zimmer im Pflegeheim stundenlang Kinderfernsehen.

Doch zurück zu glücklicheren Tagen. Mein Vater war ein sehr sensibler Mann, der oft mit sich haderte. Das hat er so gut verbergen können, dass ich es erst als Erwachsene realisiert habe. Beim Tod seiner Mutter, meiner Großmutter, sah ich zum ersten Mal Tränen in seinen Augen. Sein Gefühlsreichtum zeigte sich aber in seiner Liebe zur klassischen Musik. Stundenlang konnte er in seinem Lieblingssessel sitzen und Tschaikowskis Klavierkonzert dirigieren. Wir lachten ihn immer ein bisschen aus, und Mutter sagte: »An Papa ist ein Dirigent verloren gegangen.« Das Älterwerden und der Tod haben ihm nie Angst gemacht: Er war zwar Wissenschaftler, aber auch religiös. »Ich bin gespannt, wie es weitergehen wird«, sagte er oft in seinen letzten Jahren.

Während meiner Pubertät vermisste ich die gemeinsamen Rituale, seine Zuwendung. Plötzlich stritten wir ständig, und ich lehnte seine konservative Art ab. Ich empfand ihn als reaktionär, und dass er Christoph Blocher, den damals neu aufstrebenden SVP-Politiker mit seiner polemischen Art, zu politisieren, gut fand, war für mich das Letzte.

Ich enttäuschte ihn vor allem schulisch; meine schlechten Noten in der Mittelschule waren »Grabsteine«, wie er jeweils sagte. Und als ich schließlich aus der Schule flog und er beim Rektor antraben musste, war das sicher eine seiner schwärzesten Stunden. Der Herr Professor musste sich sagen lassen, dass seine Tochter eine Versagerin war. Auch dass ich als 25-Jährige eine Beziehung zu einem 23 Jahre älteren, geschiedenen Mann einging, war für ihn äußerst schwierig. In dieser Zeit fanden viele unschöne Dinge statt. Wir debattierten heftig und leidenschaftlich, und ich warf ihm vor, ein alter und verkorkster Typ zu sein.

Erst als ich um die dreißig und er Mitte siebzig war, näherten wir uns einander wieder an. Meine beruflichen Erfolge als Journalistin hatten ihn versöhnt, er konnte dies aber ganz selten zeigen. Das Größte an körperlicher Zuneigung war jeweils, wenn er mir einen liebevollen Klaps auf den Po gab. Doch ich wusste dies richtig zu deuten, gehörte er doch zu einer Generation, die sich nicht gewohnt war, Gefühle zu zeigen. Ich glaube, dass sein verschlossener Charakter ihn manchmal fast »erwürgt« hat. Denn hinter dem kräftigen und starken Mann steckte eine empfindsame Seele, die vieles schwernahm und sich vor der Realität oft in Literatur und Musik flüchtete. Und obwohl die Eltern keine schlechte Ehe hatten, gelang es auch meiner Mutter nur ganz selten, in sein Innerstes vorzudringen. »Ein Mann macht alles mit sich allein aus«, waren seine Worte.

In den Zeiten unserer größten Zerwürfnisse sagte meine Mutter oft: »Ihr streitet ja nur, weil ihr euch so ähnlich seid.« Damals lehnte ich jede Ähnlichkeit mit meinem Vater ab, heute empfinde ich diese Worte als Kompliment. Ich bewunderte ihn im Stillen für seine Fürsorglichkeit, Güte und Großzügigkeit. Er war im wahrsten Sinne ein guter Mensch, sprach nie schlecht über andere, und jegliche Falschheit war ihm fremd. Wenn ich nur die Hälfte seines guten Charakters geerbt habe, bin ich zufrieden. Heute bin ich stolz auf ihn, und ich hoffe, er ist auch ein bisschen stolz auf mich.

»Ich habe gelernt, mich selber auszuhalten«

Der Lausbub: Beat Schlatter, 56, Schauspieler

Er bestellt eine alkoholfreie Stange. Und später wird er noch eine trinken. Ich bin ein bisschen irritiert. Schlatter eilt der Ruf eines trinkfesten Mannes voraus. »Wenn du jetzt ein Glas Weißen vor dir hättest, hätte ich sicher auch mitgetrunken, aber du scheinst ja abstinent zu sein«, grinst Beat Schlatter und deutet auf meinen Pfefferminztee.

Kurz vor unserem Treffen hat er die Dreharbeiten zu seinem neuen Film »Flitzer« abgeschlossen. »Während des achtwöchigen Drehs habe ich keinen Alkohol getrunken«, erklärt er. »Dieses gesunde Leben will ich noch ein bisschen weiterziehen.«

Gut sieht er aus. Ob es an der Abstinenz liegt oder an der Vorfreude auf den Film, der im Oktober 2017 in die Kinos kommt: Fakt ist, Beat Schlatter strahlt pure Zufriedenheit und Gesundheit aus. Auf die Frage, ob er während der Dreharbeiten wirklich nackt über ein Fußballfeld gerannt sei, wie man in den Zeitungen lesen konnte, sagt er, sichtlich stolz: »Ja, und das an mehreren Tagen, immer wieder. Und am dritten Tag hatte es nur noch sechs Grad. Da isch da une nüme vil ume gsii«, sagt er und zeigt grinsend zwischen seine Beine.

Typisch Schlatter, denke ich. Immer einen flotten Spruch auf Lager. Ihn aber auf einen Sprücheklopfer zu reduzieren, wäre falsch. Ich werde in den nächsten Stunden einen Mann kennen lernen, dessen Tiefgründigkeit mich überraschen und berühren wird. Klar ist »Schlatti«, wie er von Kollegen genannt wird, »en luschtige Cheib«, aber dahinter steckt, wie bei vielen Künstlern, ein differenzierter, facettenreicher Mensch.

Der Schauspieler, Kabarettist und Drehbuchautor wuchs in Rüschlikon bei Zürich auf und machte eine Lehre als Innendekorateur. Er übte diesen Beruf allerdings nie aus. »Vor über dreißig Jahren haben Stephan Eicher und ich Blutsbrüderschaft geschlossen, und wir haben uns drei Dinge geschworen: Wir werden nie einem ›normalen‹ Job nachgehen, kein Militär machen und nicht heiraten.« Zwei Vorsätze haben die beiden Freunde eingehalten. Aber davon später.

Als Schlagzeuger der Punk-Band Liliput machte Beat Schlatter erste Schlagzeilen, richtig bekannt aber wurde er mit Patrick Frey und Enzo Esposito als Kabarett Götterspaß. Das Trio gewann 1992 sogar den »Salzburger Stier«. Einem breiten Publikum in Erinnerung geblieben sind allerdings seine Filme »Katzendiebe« (1996), »Komiker« (2000) und »Hoselupf« (2011). Mit »Flitzer«, für den er auch als Drehbuchautor tätig war, will er an seine Erfolge anknüpfen. »Das wird eine ganz große Sache!«, schwärmt er.

Man spürt es: Für Schlatter ist dieser Film eine absolute Herzenssache. »Diese acht Wochen waren eine große Herausforderung für mich, und zwar auf vielen Gebieten.« Für die Dreharbeiten, die teilweise zwölf Stunden pro Tag gedauert hätten, habe er sich auch von seiner Frau »verabschiedet«. »Ich wollte mich nur auf mich konzentrieren und hätte keinen Nerv für allfällige Diskussionen gehabt«, scherzt er. Montag und Dienstag seien jeweils drehfreie Tage gewesen. »Am Montag habe ich nur geschlafen, am Dienstag gesundes Essen eingekauft.«

Mit zunehmendem Alter werde das Filmemachen zum Hochleistungssport, einer Art Tour de Suisse. »Ich war der Älteste am Set, darum war es wichtig, dass ich mental und körperlich fit war. Als Hauptfigur musste ich, zusammen mit dem Regisseur Peter Luisi, das Projekt weitgehend tragen.« Dies sei einerseits eine wunderschöne Aufgabe gewesen, aber auch eine riesige Belastung.

Wie groß ist der Druck, dass der 3,2 Millionen Franken teure Film »Flitzer« ein Erfolg werden muss? Schlatter überlegt lange und sagt dann: »Ich versuche, keine Erwartungen mehr zu haben. Früher war das anders, da hatte ich bei jedem Projekt eine wahnsinnige Erwartungshaltung. Die Enttäuschung hat mir dann jeweils den Wind aus den Segeln genommen.« Ein neuer Selbstschutz also? »Nein, das nicht. Ich bin mit den Jahren einfach realistischer geworden und will sagen können: Ich habe das Maximum gegeben. Das reicht mir.«

Gelernt habe er auch, sich selber auszuhalten, warten zu können, bis etwas fertig sei, geduldig auch die Tiefs zu ertragen, die mit seinem Beruf verbunden seien. »Viele in meiner Branche können das nicht und greifen dann zu Alkohol oder Drogen«, sagt Schlatter. »In den Kreisen, in denen ich verkehre, sind siebzig Prozent der Leute Alkoholiker. Es gibt so eine Grenze beim Trinken, da muss man einfach aufpassen.«

Schlatter ist sehr vielseitig und ein begnadeter Unterhalter mit einem riesigen Kollegenkreis. Seine Theaterkomödien oder seine Bingo-Abende, die er auch heute noch veranstaltet, sind legendär, und man reißt sich darum, mit dem umtriebigen Künstler befreundet zu sein. »Ich pflege gern Kontakte zu inspirierenden Leuten, vor allem, wenn sie aus unterschiedlichen Kreisen kommen und sich daraus eine konstruktive Zusammenarbeit entwickelt. Aber langjährige, gute Freunde habe ich nicht mehr als fünf. Wer mehr als fünf gute Freunde hat, mit dem stimmt etwas nicht«, witzelt er, der sich selbst als »Optimist« bezeichnet.

Apropos Alkohol. Wie ist das jetzt mit der Trinkfestigkeit? »Natürlich habe ich meine Abstürze, aber sie sind seltener geworden. Und vor allem: Ich leide danach viel stärker als früher«, sagt Schlatter. Womit wir wieder bei der körperlichen Fitness wären. Was macht Schlatter, um auch als Mittfünfziger »eine gute Falle zu machen«? »Im Sommer schwimme ich mindestens zweimal wöchentlich im See. Ich finde es wunderschön, frühmorgens im Zürichsee schwimmen zu gehen, nachher die Zeitung zu lesen und ›en Kafi‹ zu trinken.«

Das klingt ja schön und gut, aber auch ein bisschen nach Altersheim. Wo ist der Revoluzzer, der Punk aus den 1980ern geblieben? »Der ist durchaus noch in mir«, sagt Schlatter, »aber man kann ja gleichzeitig unkonventionell sein und trotzdem seriös leben.«

Wie lebt sich das konkret? »Was die Seriosität betrifft, so habe ich in den dreißig Jahren, in denen ich diesen Beruf ausübe, gelernt, Verantwortung zu tragen.« Eine seriöse Lebensführung bedeutet für ihn auch, ein »anständiger Mensch« zu sein, höflich und diszipliniert. »Solange Disziplin die Kreativität nicht behindert, ist sie für mich sehr wichtig. Viele Künstler lieben chaotische Zustände. Das ist nichts für mich. Ich habe es gern aufgeräumt, und das in jeder Beziehung«, sagt der Stier-Geborene.

So sei es für ihn eine Selbstverständlichkeit, pünktlich und gut gelaunt zu einem Dreh oder einer Theaterprobe zu kommen. »Das erwarte ich nicht nur von mir, sondern auch von meinem Umfeld.« Und er erzählt von einem jungen Kollegen, der am Dreh unkonzentriert und nicht textsicher gewesen sei und ständig mit den Statisten herumgealbert habe. »Das hat vielleicht auch mit dem Älterwerden zu tun, aber das ertrage ich einfach nicht mehr«, sagt Schlatter bestimmt.

Wie nimmt er den Altersunterschied in der Gesellschaft heute wahr? »Viele Junge stehen enorm unter Druck. Sie sind nicht zu beneiden, müssen sie doch schon früh wissen, was sie wollen. Und die Karriere sollte immer schneller unter Dach und Fach sein. Früher hatte man doch bis dreißig seine Sturm-und-Drang-Zeit, das wird den Jungen heute fast nicht mehr zugestanden.« Manchmal sei es schon »ein komisches Gefühl« für ihn, wenn er von einem 35-jährigen CEO, »einem Schnuderi«, der einen sauteuren BMW fahre und über ein hohes Spesenbudget verfüge, die Welt erklärt bekomme.

Nein, die Welt muss man Beat Schlatter wirklich nicht erklären, dafür hat er schon zu viel gesehen, zu viel erlebt. Aber auch für ihn gibt es Neuland. Wie zum Beispiel das Thema Hochzeit. Vor sechs Jahren hat der erklärte Heiratsgegner – man erinnere sich an seinen Blutsschwur mit dem Musiker Stephan Eicher – seiner Partnerin das Jawort gegeben. Und zwar im Großmünster in Zürich und anschließend an einem Fest in einem Brockenhaus, vor 500 geladenen Gästen.

Ein Verrat an seinen Idealen? Schlatter grinst und windet sich sichtlich: »Mir bedeuten die christlichen Werte durchaus etwas, ich kannte und mochte den Pfarrer, und wenn es zwischen zwei Menschen stimmt wie bei uns, so ist das auch eine Haltung. Und es hat ja auch mit dem Erwachsensein zu tun, dass man in einer Ehe Verantwortung übernimmt.« Dieser Wunsch sei auch bei ihm mit dem Älterwerden stärker geworden. »Wenn man im reifen Alter von fünfzig jemanden findet, der so gut zu einem passt, dann ist das doch ein Wunder. Ich bin sicher, dass da eine höhere Macht mitgespielt hat. Aber dass wir uns nicht falsch verstehen«, relativiert er, »ich bin kein klassischer Romantiker mit Rosenblättern, Sonnenuntergängen und so.«

Das zeigt sich auch daran, dass er seine Ehe nicht auf konventionelle Art und Weise lebt. So teilt er sich keine Wohnung mit »Frau Fischer«, wie er seine Frau, eine Kunsthistorikerin, nennt, sondern lebt allein in seiner großen Wohnung im Zürcher Niederdorf. Doch warum »Frau Fischer«? »Eigentlich heißt sie Mirjam, aber durch mich ist sie unfreiwillig zu einer halb öffentlichen Person geworden. Die Bezeichnung ›Frau Fischer‹ schützt ein wenig, dient als Schleier einer Kunstfigur.«

Es erstaunt nicht, dass Beat Schlatters Liebesgeschichte unkonventionell verlaufen ist. Kennen gelernt hatten sich die beiden anlässlich einer Vernissage. »Frau Fischer sagte mir, dass sie seit dem Film ›Katzenliebe‹ für mich schwärme«, erzählt der Schauspieler. Man habe danach Telefonnummern ausgetauscht und sich verabschiedet. Ganz zum Schluss habe er erwähnt, dass er am nächsten Tag mit dem ersten Zug nach Genua reisen werde. Als er am Morgen dann im Zug gesessen sei, habe er eine SMS von Frau Fischer bekommen mit dem Hinweis, sie sitze im Speisewagen. Zuerst habe er »keine Freude« darüber gehabt, er liebe es nämlich, allein irgendwohin zu fahren.

Schließlich aber habe man drei gemeinsame Tage verbracht, und die Sache sei klar gewesen.

Das Reisen im Zug liebt er auch heute noch. »Ich liebe die Muße, mich einfach treiben zu lassen, egal, ob in einem Zug oder einem leeren Hotelzimmer. Ich will diese Leere einfach zulassen, denn nur so ist Kreativität möglich.«

Mit zunehmendem Alter entwickelt Schlatter immer mehr Freude an seiner Arbeit. »Ich habe nie einen Brotjob angenommen; Künstler zu sein, ist eine Haltung, kein Beruf. Und ich habe keine großen Ansprüche, materieller Besitz bedeutet mir nichts.« Keine Angst, dass eines Tages die Rollen ausbleiben könnten? »Nein, denn ich entwickle mich ja ständig weiter und stehe auch zu meinem Alter. Für mich gibt es nichts Lächerlicheres als diese Berufsjugendlichen, die einfach nicht erwachsen werden wollen. Sie sind genauso läppisch wie die Jungen, die glauben, dass sie Lebensphasen einfach überspringen könnten, und die Weisheit mit Löffeln gefressen haben.«

Macht er sich denn wirklich nie Sorgen ums Älterwerden? Schlatter schüttelt den Kopf. »Alles hat einen Anfang und ein Ende. Das ist der Lauf der Dinge. Und das ist auch gut so.«

»Ich arbeite an meinem Glück«

Der Kämpfer: Marcel Fantoni, 64, Ex-Brigadier und Coach

Er war einer der »Kandidaten« für dieses Buch, auf die ich besonders gespannt war. In den Telefongesprächen vor unserem Treffen lernte ich Marcel Fantoni als unkomplizierten und redegewandten Gesprächspartner kennen. Ich war überrascht. Einen ehemaligen Berufsoffizier, der als Brigadier Tausende von Untergebenen geführt hat, hatte ich mir irgendwie anders vorgestellt.

Unser persönliches Treffen stand allerdings zunächst unter keinem guten Stern. Und schuld daran war ich. Zweimal musste ich unseren Termin aus beruflichen Gründen verschieben, das dritte Mal vergaß ich ihn schlichtweg in der Hektik des Berufsalltags und ließ den Mann im wahrsten Sinne des Wortes sitzen. Und das passierte mir ausgerechnet bei jemandem, für den Disziplin wahrscheinlich etwas vom Wichtigsten war. Außerdem wusste ich, dass Fantoni selbst genug um die Ohren hatte, war er doch im Endspurt bei der Produktion eines eigenen Buches. Natürlich hatte ich mich entschuldigt, doch ich war mir sicher: Eine vierte Chance würde er mir nicht geben.

Marcel Fantoni überraschte mich ein weiteres Mal: Meine Schusseligkeit trug er mir nicht nach, sondern stimmte einem neuen Termin zu. Seine Mails an mich unterzeichnete er übrigens stets mit »Fröhliche Grüße«.

An einem düsteren Herbstnachmittag trafen wir uns in einer Zürcher Hotellounge. Den hochgewachsenen Mann mit der sportlichen Figur und dem scharf geschnittenen Gesicht entdeckte ich sofort. Sein Händedruck war fest, wie erwartet. Trug er mir wirklich nichts nach? »Ich bin es nicht gewohnt, dass man mich warten lässt«, sagte er zur Begrüßung. Scherz oder Ernst? Ich fühlte mich etwas verunsichert. Einerseits plagte mich noch immer das schlechte Gewissen, dass ich ihn versetzt hatte, andererseits war ich mir ein so selbstbewusstes Auftreten eines Interviewpartners nicht gewohnt. Zeigte sich hier die langjährige, militärische Karriere, die kein Zuspätkommen duldete, oder einfach nur ein gewisser schwarzer Humor? Mir war etwas mulmig zumute.

Kaum hatten wir Platz genommen, reichte mir Marcel Fantoni ein A4-Blatt mit akribisch notierten Fakten zu seinem beruflichen Werdegang, seiner militärischen Karriere, Familie und Hobbys. Ein ganzes Leben auf einem dicht beschriebenen Stück Papier. Als Erklärung meinte er: »Ich habe ein turbulentes Leben hinter mir, da sind ein paar Eckdaten nicht schlecht.«

Als turbulent kann man den Lebensweg von Marcel Fantoni durchaus bezeichnen. Es ist die Biografie von jemandem, der auf dem Höhepunkt seiner beruflichen Karriere quasi ins Nichts fiel und jetzt, mit 64 Jahren, zu neuem Lebenssinn und Lebensfreude gefunden hat.

»Wenn ich heute zurückschaue, kann ich sagen, ich würde nichts anders machen wollen. Auch wenn ich vor wenigen Jahren an meinem Schicksal beinahe zerbrochen bin«, erzählt er gleich zu Beginn unseres Gesprächs. »Aber jetzt geht es mir wieder gut. Ich habe meinen Frieden gefunden und spüre eine tiefe Zufriedenheit und Dankbarkeit.« Spricht hier die Altersmilde? Fantoni lacht ein ansteckendes und fröhliches Lachen: »O nein, ich bin vielleicht alt, aber nicht milde«, sagt er bestimmt.

Es ist schwierig, sich vorzustellen, dass dieser Mann, der heute vor Lebenslust nur so strotzt, vor wenigen Jahren kurz davor war, sich umzubringen. Grund dafür war eine schwere Depression, ausgelöst durch eine große berufliche Enttäuschung. 2003 stand Marcel Fantoni vor dem beinahe sicher zu erwartenden, letzten großen Karriereschritt als Berufsmilitär. Kurz vor seiner Pensionierung sollte er, die Zusage hatte er bereits, ein letztes Mal befördert werden. Doch es kam anders. Ein anderer Bewerber kam zum Zug, und Marcel Fantoni stürzte in eine schwere Lebenskrise: »Ich ging zwar noch zur Arbeit, aber ich fühlte mich nicht mehr gebraucht. Wie eine leere PET-Flasche.« Die monumentale Enttäuschung über diese »Niederlage« konnte er nicht verkraften. Über den Grund für seinen Karrierebruch will er heute nicht mehr reden. »Es hat einfach nicht sein sollen«, sagt er trocken. Auch das gehört anscheinend zum Verarbeiten eines Schicksalsschlags. Irgendwann muss er nicht mehr beredet werden.

Marcel Fantonis beruflicher Aufstieg verlief bilderbuchmäßig. In seinem ersten Beruf war er Swissair-Angestellter und arbeitete weltweit als Ausbildner und Stationsleiter. »Bei der Swissair fühlte ich mich sehr glücklich, auch wenn sie mich nicht als Piloten wollten«, erinnert er sich lächelnd. Weil er in der militärischen Laufbahn seine Zukunft sah, wurde er bereits mit 29 Jahren Berufssoldat. Und von da an ging es stetig bergauf. Er war noch keine 45, als er zum jüngsten Brigadier und damit zum »Einsterngeneral« ernannt wurde. Was hat ihn beruflich angetrieben? »Ich habe immer gern Menschen geführt – es ging mir nicht um blinden Gehorsam; ich wollte gemeinsam Ziele erreichen.«

Ziele zu erreichen, war dem Umtriebigen immer wichtig. Aber auch mitzubestimmen, zu führen und zu lenken. Da er außerhalb seiner militärischen Position noch freie Kapazitäten hatte, saß er jahrelang auch als Gemeinderat im Dietiker Parlament, war Kirchenpfleger und amtete zudem als Zunftmeister in einer Zürcher Zunft. Hatte er zu sehr auf die berufliche Karriere gesetzt und dieser Karriere alles andere untergeordnet? Fantoni zögert einen Moment, schüttelt dann aber den Kopf: »Ich habe immer mit Leidenschaft gearbeitet, nie um der bloßen Karriere willen, aber natürlich habe ich mich überdurchschnittlich mit meinem Beruf identifiziert.«

Je steiler der Aufstieg, desto tiefer der Fall. Unerfüllte Erwartungen können einen enttäuscht zurücklassen, und manche Menschen zerbrechen, wenn ein Lebenstraum aufgegeben werden muss. Spielt das Alter dabei eine Rolle? Kann man so etwas als jüngerer Mensch besser verkraften? »Mein Alter, ich war kurz vor der Pensionierung, war sicher auch relevant. Latent trug ich diese Traurigkeit aber schon lange mit mir herum«, reflektiert Marcel Fantoni. Seine Mutter starb durch einen Unfall, als er fünf Monate alt war. Dieser Verlust hat sein ganzes Leben geprägt. Vielleicht ein Grund für die unermüdliche Suche nach Anerkennung und Erfolg…

An einem Tiefpunkt angekommen, wollte sich Marcel Fantoni das Leben nehmen. »Ich war, als ich diesen Entschluss gefasst hatte, ganz ruhig, beinahe fröhlich«, erinnert er sich. Und wie es so ist im Leben, können manchmal ganz profane Gegebenheiten Schicksalscharakter annehmen. Warum er heute noch lebt? »Es begann zu regnen, und irgendwie führte dies dazu, dass ich meine Meinung änderte.« Dieser Tag war der Wendepunkt, und Marcel Fantoni beschloss, ins Leben zurückzukehren. Er begann eine Therapie, nahm Medikamente. Heute ist er überzeugt: »Mein Psychiater hat mir damals das Leben gerettet.«

Es verging allerdings ein Jahr, bis er sich seelisch wieder stabil fühlte. In dieser Zeit wurde ihm auch immer stärker bewusst, wie sehr ihn der frühe Verlust der Mutter geprägt hat. Er begann, einen Brief an sie zu schreiben, in dem er ihr von seinem Leben erzählte. Aus dem Brief wurde ein Buch mit 450 Seiten, das er im Rahmen eines Projekts der Edition Unik veröffentlicht hat. Hier werden Menschen bei der Aufzeichnung ihrer Lebenserinnerungen unterstützt. »Das Buch umfasst meine 64 Lebensjahre. Das Schreiben hat mir sehr geholfen, meine Depression zu überwinden. Wobei ›überwinden‹ nicht das richtige Wort ist. Es hat mir geholfen, mit der Depression zu leben.«

Sein Leben empfindet Marcel Fantoni heute als »äußerst lebenswert«. Vor vier Jahren gründete er seine Firma »Rent a General« und bietet sich nun als Lebensbegleiter, Rhetorikcoach und Krisenmanager an. »Ich begleite Menschen bei Spaziergängen und höre ihnen zu. Und ich ermuntere sie auch, professionelle Hilfe zu holen.« Immer wieder wird Marcel Fantoni auch gefragt, ob er nicht wieder ein öffentliches Amt übernehmen wolle. Er winkt ab. Das komme für ihn nicht mehr infrage. »Ich habe in meinem Leben genug für die Gesellschaft geleistet.«

Wie hat die Depression sein Leben verändert? »Ich genieße jeden Tag meines Lebens. Meine Erwartungen, wie die Dinge laufen sollen, habe ich losgelassen.« Obwohl er kein Kirchgänger ist, hat ihm sein Glaube geholfen, gesund zu werden. »Durch intensives Beten finde ich zur inneren Ruhe.« Sein »neuer Reichtum« sei seine Familie: seine Frau Brigitta und seine Kinder, der 31-jährige Dominik und die 26-jährige Annina. Wichtig ist für Fantoni auch das Familienpferd King Henry, ein 11-jähriger Wallach. »Die Arbeit mit dem Pferd tut mir gut. Sie macht Freude und erdet mich.«

Marcel Fantoni hat eine vielschichtige Persönlichkeit: rhetorisch brillant, mit einer speziellen Mischung aus Humor, Ernsthaftigkeit, Verspieltheit und Strenge. Seine 64 Jahre sieht man dem rüstigen Rentner nicht an. Wer, wie er, sein ganzes Leben lang diszipliniert war, lässt sich sicher nicht gehen. »Da täuschen Sie sich«, lächelt er und greift nach einer Praline, die zum Kaffee gereicht wird. »Ich liebe Süßes über alles, und je älter ich werde, desto schlimmer wird es!«

Sein Älterwerden nehme er auch in anderen Bereichen wahr: »Ich verstehe zum Beispiel nicht, warum junge Menschen zerrissene Jeans tragen. Und überall sehe ich Zeitschriften, die über Prostata- und Rückenprobleme schreiben«, meint er schmunzelnd. Kurz danach wird er wieder ernst. »Mein Alter wurde mir auch wieder sehr bewusst, als mein bester Freund, mit dem zusammen ich alt werden wollte, gestorben ist. Im Spital habe ich bei ihm Nachtwache gehalten. Damals wurde mir klar: Der Tod wartet auf uns alle.« Vor dem Sterben hat Fantoni aber keine Angst: »Ich bin sicher, dass ich in den Himmel kommen und dort meine Mutter treffen werde.«

Seine Mutter ist in Fantonis Erzählungen präsent. So präsent, dass er kürzlich ein Buch geschrieben hat, in dem er überlegt, wie sein Leben wohl ausgesehen hätte, wäre sie nicht so früh gestorben. Auch über die Zukunft sinniert er, und obwohl er keine konkreten Pläne schmiedet, ist Marcel Fantoni überzeugt: »Da wartet noch vieles auf mich.«

Der schöne Mann von nebenan

»Ciao bello«, möchte ich ihm immer zuflüstern, wenn er sich an das Tischchen neben mir im Café setzt und seinen doppelten Espresso bestellt. Wie immer ohne Zucker. Ihn nur verstohlen von der Seite anzuschauen, hellt meine Stimmung auf. Er ist ein Bild von einem Mann: groß gewachsen, mit leicht ergrautem, vollem Haar, einem markanten Kinn und graublauen Augen. Seine Hände sind feingliedrig, die Finger lang. Musikerhände, würde meine Mutter sagen. Er trägt keinen Ehering. Das ist mir bereits aufgefallen, als ich ihn vor ein paar Wochen das erste Mal gesehen habe.

Meine Bewunderung ist einseitig. Er bemerkt mich nämlich gar nicht, obwohl ich ihn immer nett anlächle, wenn er kommt. Ich bin meist etwas eher da, denn er benötigt wahrscheinlich am Morgen ein wenig länger im Bad; Schönheitspflege braucht ja bekanntlich Zeit. Obwohl mir natürlich bewusst ist, dass ich nicht (mehr) in sein Beuteschema passe – zu alt, zu üppig, zu wenig chic –, bin ich doch ein bisschen beleidigt, so gar nicht bemerkt zu werden. Und trotzdem kann ich ihm nicht böse sein; seine Wangengrübchen sind zu niedlich, und schließlich bin ich eine verheiratete Frau.

Natürlich verschmäht er die Buttergipfel, die hübsch drapiert und verführerisch duftend im Körbchen liegen. Ich weiß genau, dass er niemals sogenannt leere Kalorien zu sich nehmen würde, dafür legt er zu viel Wert auf eine gute Linie. Und die ist ja in der Tat bewundernswert. Das kann ich sogar durch sein tailliertes Baumwollhemd sehen. Sicher geht er dreimal wöchentlich ins Fitness und gönnt sich regelmäßige Wellness-Aufenthalte in luxuriösen Hotels; natürlich in Begleitung einer jungen Freundin. Vermutlich betreibt er auch sonst einigen Aufwand, um jung zu wirken, und wahrscheinlich ist er auch Abonnent des Lifestyle-Männermagazins »GQ«.

Mindestens einmal in der Woche sagt wahrscheinlich jemand bewundernd zu ihm: »Sie sehen George Clooney ungeheuer ähnlich«, und diese Komplimente saugt er sicher auf wie Bienen den Nektar der letzten Astern vor dem Bodenfrost. Gestern hatte ich allerdings das Gefühl, dass sein Selbstbewusstsein ein bisschen zurückgegangen ist. Ob dies einen Zusammenhang hat mit seinem doch etwas lichter werdenden Haar am Hinterkopf oder mit dem minimalen Bauchansatz, den ich plötzlich entdecke? Und haben sich kürzlich nicht die Fältchen um seine Augen vertieft? Während ich ihn beobachte, frage ich mich, was und wo er wohl arbeitet. Sein gut geschnittener Anzug weist auf einen ordentlich bezahlten Job hin. Banker, Anwalt oder Arzt?

Die Bedienung kommt an seinen Tisch und fragt ihn, ob er noch einen Kaffee haben möchte. Er muss etwas Erfreuliches gesagt haben, da sie mit roten Wangen davonschwebt. Er scheint zufrieden zu sein: Seine Anziehungskraft auf die Damenwelt ist ungebrochen. Und meine gute Nachricht für ihn: Das wird die nächsten zwanzig Jahre sicher so bleiben. Und falls, wider Erwarten, doch noch ein bisschen mehr Bauch dazukommt, die Lider faltiger werden und das Haar schütterer – keine Angst, bekanntlich reifen Männer ja wie guter Wein, während wir Frauen zur Unsichtbarkeit tendieren.

Ich gebe es ungern zu: Ich bin ein bisschen neidisch. Wir sind ungefähr im gleichen Alter: Mitte fünfzig. Aber während für den Mann noch vieles möglich ist, ist meine (biologische) Zeit bereits abgelaufen. Er könnte (nochmals) Vater werden. Auch beruflich, so nehme ich an, muss er keine Angst haben, aussortiert zu werden. Und falls seine jüngeren Freundinnen zu hohe Ansprüche an seine Männlichkeit stellen, gibts ja immer noch Medikamente. Oder die Schönheitschirurgen als Notnagel. Wobei dieser Mann definitiv keine Schönheits-OP nötig hat. Er hat zwar nicht das glatte und perfekte Aussehen eines Models – seine Nase ist ein bisschen zu groß und ein bisschen zu schief, die Haut ist etwas vernarbt und das Haar am Ansatz durchaus licht –, aber er strahlt ein derartiges Selbstvertrauen aus, dass ich mir neben ihm richtig mickrig vorkomme.

Nun aber Schluss mit dem Nörgeln. Ich kann es offenbar nicht verkraften, dass Männer und Frauen unterschiedlich altern, jedenfalls vom gesellschaftlichen Standpunkt her. Ich seufze: Die Welt ist einfach nicht gerecht. Aber das ist nun ja auch nichts Neues.

Ich schlucke die hässliche Kröte runter, ziehe mein Portemonnaie aus der Tasche, um zu zahlen. Da sagt eine warme und wohlklingende Stimme neben mir: »Darf ich Sie zu diesem Kaffee einladen?« Ich bin platt, und mir fällt nichts Besseres ein, als zu fragen: »Warum?« – »Wir trinken doch morgens immer zur gleichen Zeit unseren Kaffee, und Sie lächeln immer so nett«, sagt der schöne Mann und klingt überhaupt nicht eingebildet.

Verflixt: ein Beau und noch charmant dazu. Das ist fast zu viel für einen normalen Montagmorgen. Ich stottere: »Danke, gern.« Und bevor ich rot wie eine Tomate anlaufe, greife ich nach meiner Handtasche und stürme aus dem Café. Manchmal kann man sich auch mit 56 noch wie ein Teenager fühlen. Zum Beispiel heute.

»I can dance wie ein Zwanzigjähriger«

Der Leidenschaftliche: Clifford Lilley, 66, Stil- und Imageberater

Dieser Mann ist ein echter Sunnyboy. Das ist auf jeden Fall der erste Eindruck. Und so möchte Clifford Lilley gern auch in der Öffentlichkeit wahrgenommen werden. Es gibt fast kein Foto, egal, ob in der Presse oder in den sozialen Medien, auf dem der gebürtige Südafrikaner nicht strahlt. Und es gibt viele Fotos. Fast scheint es, als gebe es keinen VIP-Anlass, keine Kluberöffnung, keinen Event und keine Einweihung einer neuen Boutique ohne den prominenten Stylisten. Mit Clifford sei jede Party gerettet, sagen Leute, die ihn kennen. Er verbreite einfach gute Laune.

Aber nicht nur die Schönen und Reichen schätzen »Cliff«, wie er von seinen Freunden genannt wird. »I like people, und diese Sympathie kommt zu mir zurück«, sagt er in seinem charmanten Deutsch, das mit englischen Ausdrücken gespickt ist. »Kürzlich hat mir eine Kundin gesagt: Du erhellst jeden Raum, wenn du ihn betrittst. That's wonderful, isn't it?« Solche Sätze könnten eitel und selbstverliebt klingen, aber Lilley erzählt von diesem Kompliment mit solch entwaffnender, kindlicher Freude, dass es leichtfällt, sich mitzufreuen.

Clifford Lilley wuchs in Simon's Town bei Kapstadt auf. Bis 23 arbeitete er als Schaufensterdekorateur und ließ sich danach am University of Cape Town Drama Department zum Schauspieler ausbilden. Nach dem Abschluss wurde er als vielversprechendster Jungschauspieler seines Jahrgangs ausgezeichnet. »Meine erste Liebe war das Theater. Die brannte kurz und heftig. Die folgende Liebe zu Mode und Stil dauert bis heute.«

Durch Freunde kam Clifford Lilley 1979 in die Schweiz. In seinen ersten Jahren jobbte er in Zürich als Statist im Schauspielhaus und am Opernhaus. »Die Bühne war meine Welt.« Stolz erzählt er, dass er mit fast sämtlichen Größen der Theaterbühne aufgetreten ist, so auch mit Maria Becker oder Christoph Waltz. Doch weil es ihm an genügend Deutschkenntnissen mangelte, bekam er keine Rollen. So begann er, engagiert Konzerte und Events zu organisieren, unter anderem auch Charity-Veranstaltungen für die »World Runners« zum Thema Welthunger.

In Zürich war er bald so bekannt wie ein bunter Hund. In dieser Zeit lernte er den kürzlich verstorbenen Hannes Bühler alias Hannes B. kennen. Der Zürcher Modemacher erkannte Lilleys sicheren Geschmack und seine Fähigkeit, Menschen für sich einzunehmen, und ernannte ihn nach einiger Zeit zum Verkaufsleiter in seinem Shop. Dort bediente Lilley auch Prominente, und durch diese Kontakte kam er schließlich zum Schweizer Fernsehen, wo er als Stylist zuständig war, Moderatoren für die Kamera einzukleiden. Einem größeren Publikum wurde er unter anderem als Lifestyle-Experte in Michelle Hunzikers TV-Show »Cinderella« und als Styling-Experte in der

RTL-II-Doku-Soap »Schwul macht cool! – Die fabelhaften Vier« bekannt.

Heute arbeitet Clifford Lilley als Stylist und Imageberater und sucht für seine meist gut betuchten Kunden passende Outfits aus. Meistens beim gemeinsamen Shopping. Dadurch bekommt er oft sehr schnell einen intimen Einblick in das Leben dieser Menschen. Ähnlich wie bei einem Coiffeur oder einer Kosmetikerin, baut sich so ein Vertrauensverhältnis auf. »I can keep a secret«, sagt er mit treuherzigem Blick, und man glaubt ihm. Ohne Diskretion ist dieser Job nicht zu machen.

Clifford Lilley ist 66 Jahre alt. Ein Methusalem in der Welt der Mode und des Stils. In einem Business, in dem man mit Mitte dreißig bereits zum alten Eisen gehört, hat er es geschafft, selbst eine Marke zu werden. Sein Auftritt bei unserem Treffen ist denn auch so, wie man es von einem Ästheten erwartet: ein dunkelblauer Nadelstreifenanzug, weiße Turnschuhe und ein weißes Hemd. Smart, aber nicht zu smart. Schließlich will er Kunden nicht durch modische Übertreibungen abschrecken. »Männer mögen es nicht, wenn man sich zu sehr herausputzt«, ist seine Erfahrung. In gutes Schuhwerk zu investieren, sei aber nie verkehrt. Und wenn ein Sechzigjähriger eine Vorliebe für farbige Chinos hat? »Mein Geschmack ist es nicht, doch wenn er es tragen kann, why not?«, sagt er. »Stilregeln sind auch da, um gebrochen zu werden.«

Was er allerdings gar nicht mag, ist, wenn sich ältere Menschen »bünzlig« kleiden. »Es ist schade, wenn so viele reife Leute auf Stil und Farben in ihrer Garderobe verzichten. Sie verlieren äußerlich ihre Individualität und sehen alle gleich aus.« Er selbst liebt einen zurückhaltenden, aber sportlich-eleganten Stil mit einem »Twist«, dem kleinen Extra. Und damit gehört Lilley zu den am besten angezogenen Männern in der Schweiz.

Kaum haben wir in der belebten Lobby eines der nobelsten Zürcher Hotels Platz genommen, wird er von Gästen angesprochen. Man kennt sich, grüßt herzlich oder umarmt sich sogar. Wie erklärt er sich seine Beliebtheit? Er überlegt nicht lange: »Die Leute haben Spaß mit mir. Allerdings musste ich lernen, den Menschen auch zuzuhören. That wasn't easy. Aber ich habe mit zunehmendem Alter mein ehrliches Interesse für andere entdeckt. Ich bin nicht so oberflächlich, wie es vielleicht scheint. Viele Menschen glauben, wenn man sich mit Äußerlichkeiten beschäftigt, habe man keinen Tiefgang.«

Apropos Älterwerden. Wie fühlt es sich an, wenn man auf einer Party einer der Ältesten ist? »I can noch tanzen wie mit zwanzig«, sagt er fast ein bisschen trotzig. Er sei viel mit jungen Leuten zusammen. »Die Jugend findet mich lässig, because I am fun.« Und sie fühle sich durch ihn auch »nicht bedroht«. Er sei ja quasi jenseits von Gut und Böse, keine Konkurrenz mehr. »Bei mir zählen Ausstrahlung und Stil und nicht das Alter.« Doch natürlich spüre auch er den nagenden Zahn der Zeit. »Ich versuche einfach, das Älterwerden so gut es geht zu akzeptieren. I hope I grow old gracefully.«

Und wie lebt er diese Grazie im Alltag? »Die Figur zu behalten, ist schwierig«, sagt er und fährt mit der Hand über seinen flachen Bauch. »I don't want to get fat!« Und klar ist er eitel. »Look at my hair! Ist es nicht wonderful?«, sagt er lachend und streicht sich durch sein dichtes, schwarzes – »nicht gefärbtes!« – Haar. Was macht er für sein gutes Aussehen? »Ich gehe hin und wieder ins Gym, aber nicht regelmäßig. Und ich liebe es, in der Natur zu sein, laufe viel, fahre Velo. Das ist für mich der beste Ausgleich zu meinem aktiven sozialen Leben. But the most important thing: Wenn ich etwas tue, dann immer mit vollem Einsatz.«

Wenn Clifford also beispielsweise putzt, dann »with my whole body. Ich versuche, alles mit Leidenschaft zu tun.« Clifford Lilley spricht mit Verve: »Das Wichtigste ist das Selbstbewusstsein. If you don't have it, you're f****d.« Oh, là, là, Mr. Lilley, was ist denn das für ein Ausdruck? Eine leichte Röte überzieht seine Wangen. »Ich weiß, man flucht nicht in Anwesenheit von Damen, aber mein Vater war Matrose. In meiner Kindheit ging es zu Hause oft etwas rau zu und her.«

Sein Vorbild ist seine Mutter, die mit 92 Jahren immer noch ein aktives Leben lebt. »Meine Mutter liebt klassische Musik und Literatur. Sie hat mir diese Welt eröffnet, und dafür bin ich ihr heute noch dankbar.« Die Ehe seiner Eltern war schwierig. Hier der autoritäre Vater, der auch mal aggressiv war und dem dann die Hand ausrutschte, dort die schöngeistige Mutter. »Die Stimmung bei uns war oft explosiv. Ich glaube, das hat bewirkt, dass ich heute versuche, so wenig Negatives wie möglich in mein Leben zu lassen.«

Doch zurück zur Stilberatung. Mit wem shoppt er eigentlich lieber, mit Männern oder mit Frauen? »Ich liebe es, mit reifen Männern einkaufen zu gehen; sie wissen, was sie wollen. Und sie schätzen meinen männlichen Rat, denn ein gut angezogener Mann hat ein gutes Selbstwertgefühl.«

Und wie steht es um das Selbstwertgefühl reiferer Frauen? »Ältere Frauen haben es nicht einfach in einer Welt, in der nur die Jugend zählt. Männer mit fünfzig oder sechzig haben einen anderen Stellenwert in der Gesellschaft. Und überhaupt: A lot of women look the same, vor allem, wenn sie beim Schönheitschirurgen waren. The same nose, die gleiche Botox-Stirn, das ist doch wahnsinnig«, ereifert sich Lilley. Neulich habe ihm ein Arzt gesagt: »Sie haben doch so viele Kontakte, bringen Sie mir doch ein paar junge Frauen«, erzählt er, sichtlich entsetzt.

Jetzt mal ehrlich, Clifford, in den Kreisen, in denen du dich bewegst, sieht man mehr »gemachte« Gesichter als »ungemachte«. Ist er selbst gegen künstliche Verschönerung gefeit? »Aber sicher, schließlich will ich nicht wie Mickey Rourke enden«, sagt er lachend. »Für mich kommen OPs nur bei gesundheitlichen Belangen infrage.« Allerdings gebe es schon etwas, was ihn störe: »Wenn es eine Behandlung gegen schlaffe Haut am Hals geben würde, dann würde ich diese sofort ausprobieren.« Und was ist mit Botox? »Viele meiner Freunde lassen sich botoxen. Aber the problem is: Wenn du mal damit anfängst, you can't stop. Also no!«

Was seine Gesundheit betrifft, so hofft der Genussmensch – »ich trinke und rauche gelegentlich« –, dass diese »kleinen Laster« mit zunehmendem Alter nicht zu viele Spuren hinterlassen. »I ask myself: Kann ich so weitermachen? Denn plötzlich kann ja alles kippen.« Klar ist, für seine Arbeit ist es essenziell, dass er bei guter Gesundheit ist und immer tipptopp aussieht. Schließlich ist Clifford Lilley seine eigene Visitenkarte.

Wusste er eigentlich schon in seiner Jugend in Südafrika, wie er später einmal leben wollte? Er habe immer von der großen, weiten Welt geträumt. »You know, ich verkehre ziemlich oft in einer Luxuswelt, aber ich komme nicht von da.«

Clifford liebt alles Schöne und Edle. Von seinen Kunden bekommt er oft Geschenke, er wird eingeladen, macht Reisen. »But what happens, when I get older or krank und mich keiner mehr will? Werde ich dann einsam sein? Manchmal sehe ich alte Leute auf der Straße, und dann denke ich, das könnte ich sein in zwanzig Jahren«, sagt er nachdenklich. Er schaut einen Moment ins Leere, doch dann fängt er sich. »Es liegt nicht in meiner Natur, aufzugeben. Und ich habe in meinem Leben viel Glück gehabt. Darum heißt es: ›Dranneblibe, dranneblibe, dranneblibe!‹, wie meine Kollegin Michelle Hunziker immer sagt.«

»Dranbleiben« – welche Pläne hat Clifford Lilley für sein weiteres Leben? »Weißt du, ich habe noch viele Ambitionen. Ich bin neugierig, was das Älterwerden mit sich bringen wird. I am a work in progress, bin immer noch auf dem Weg.«

»Ein Plan B gibt mir Sicherheit«

Der Unabhängige: Dominic Geisseler, 55, Journalist und Leiter Publishing Services

Dominic Geisseler ist ein später Papa. Kurz vor seinem fünfzigsten Geburtstag kam seine Tochter Florentina, genannt »Flo«, zur Welt. Mit einer Vaterschaft hatte er nicht gerechnet. Mit seiner Partnerin Heidi, die gut zehn Jahre jünger ist als er, war er damals erst ein knappes Jahr zusammen. »Ich war schon etwas erschrocken«, sagt er heute, »das war eigentlich so nicht geplant.«

Ich kenne Dominic schon sehr lange – er war einst mehr als ein guter Freund. Noch sehr genau erinnere ich mich, wie er mir an einem warmen Sommerabend vor sieben Jahren offenbarte, dass er Vater werde. Von überschwänglicher Freude war damals eher wenig zu spüren, dafür von Verunsicherung, was sich mit diesem Kind in seinem Leben alles ändern würde. Ich war mir allerdings schon damals sicher, dass Florentina sein Augenstern sein wird.

Ich hatte mich nicht geirrt. Heute sagt Dominic: »Als ich das Würmli das erste Mal in den Armen hielt, wusste ich, es kommt gut.« Es brauchte nur diese erste magische Begegnung, damit der Vater-Tochter-Funken zünden konnte. »Rückblickend muss ich sagen, dass ich meine Partnerin während der Schwangerschaft wahrscheinlich zu wenig unterstützt habe«, sagt er selbstkritisch. »Von mir wurde Vorfreude erwartet. Ich konnte sie aber nicht vorspielen.« Heute bedauert er auch, dass er bei der Geburt nicht dabei war. »Als Florentina an einem verschneiten Frühlingsmorgen auf die Welt kam, schaffte ich es nicht mehr rechtzeitig ins Krankenhaus«, erinnert er sich. »Die Wehen setzten um zwei Uhr in der Früh ein; ich bin sofort losgedüst und bei Schneetreiben um vier Uhr in Dornbirn angekommen – da war Flo schon eine halbe Stunde alt.«

Wenn man Dominic heute mit Flo erlebt, ist nichts mehr von der Verunsicherung früherer Tage zu spüren. Im Gegenteil: Er liebt seine bildhübsche Tochter heiß und innig, und sie liebt ihren Papa genauso innig zurück. »Vater zu sein, ist wahnsinnig spannend und herausfordernd und bringt so viel Wunderbares ins Leben, wie ich es mir nie hätte vorstellen können«, schwärmt er. Warum wollte er denn nicht früher Vater werden? »Ich hatte nie den unbedingten Wunsch, ein Kind zu haben, und meine Partnerinnen auch nicht. Es hat scheinbar nicht früher sein sollen.«

Ich habe den Eindruck, dass dieses »hat nicht früher sein sollen« dem freiheitsliebenden Dominic sehr entgegengekommen ist. Das Bedürfnis nach einer gewissen Ungebundenheit hat auch dazu geführt, dass er lange Zeit allein lebte; nur mit einer ebenfalls sehr freiheitsliebenden Frau wohnte er fast zehn Jahre lang zusammen.

»Lange habe ich gedacht, dass ein Kind meine Freiheit einschränken würde, das ist tatsächlich so, aber ich empfinde es heute nicht als negativ, sondern als bereichernd.« Insofern habe ich vor sieben Jahren also recht behalten: Die einzige Frau, der er sein Herz voll und ganz und für ein ganzes Leben schenken wird, wird seine Tochter sein.

Unter der Woche muss die Kleine allerdings auf ihren Vater verzichten. Während Dominic in Zürich wohnt, lebt Flo mit Mutter Heidi in der Nähe von Bregenz. Dominic erklärt es so: »Ich bin zwar auf dem Land aufgewachsen, aber ich liebe die Stadt«, und da er in Zürich beruflich sehr engagiert ist, sehe er seine Tochter jeweils nur »am Weekend«. Ein typischer Fall von Wochenendpapi? »Meine Partnerin hat wahrscheinlich manchmal schon dieses Gefühl«, sagt er, »aber ich empfinde die Zeit von Freitagabend bis Montagmorgen, die ich mit meiner Tochter und Heidi verbringe, als sehr intensiv.« Meist reist er fürs Wochenende nach Vorarlberg, manchmal trifft sich die Familie auch in Zürich.

Das Leben mit Flo hat dem 55-Jährigen »eine neue Welt« eröffnet. »Eine gewisse Lethargie, die ich früher hatte, ist verschwunden, und ich spüre neue Energie.« Dominic versucht, eine möglichst »kreative und lebendige Zeit« mit seiner Tochter zu verbringen. »Bei aller Ernsthaftigkeit, die das Leben als Vater auch beinhaltet, will ich, nicht ganz unegoistisch, auch viel Spaß mit ihr zusammen haben.« Was momentan noch heißt: stundenlanges Basteln, »Theäterle« und gemeinsames Lesen und Geschichtenerfinden. Später, so könnte es sich Dominic gut vorstellen, möchte er zusammen mit seiner Tochter die Welt bereisen. Vor allem Afrika würde er Florentina gern zeigen. Ein Kontinent, der ihn selbst tief beeindruckt hat.

»Ich hoffe, dass ich auch im Alter so flexibel und unkonventionell bleibe, wie ich es jetzt bin«, sagt er lachend, und etwas ernster fügt er an: »Wenn man ein bisschen anders tickt als die Mehrheit, wird man immer gleich mit Vorurteilen konfrontiert.« Fast allergisch reagiert er auf Aussagen wie: »Das macht man nicht«, oder: »Das geht so nicht.« Wichtig sei doch, dass man einen Plan B im Ärmel habe und reagieren könne, wenn ein eingeschlagener Weg korrigiert werden müsse. Das sture »So und nicht anders« ist ihm fremd. Und diese Flexibilität ist ihm auch in der Erziehung seiner Tochter wichtig. »Sie soll sich so entfalten, wie es ihren Talenten und Möglichkeiten entspricht, und nicht so, wie wir Eltern es uns vielleicht vorstellen.«

Dominic Geisseler selbst war ein Sonntagskind. Die Geburt verlief, wie bei seiner Tochter, schnell und problemlos. Allerdings wurde er notgetauft, »nicht weil ich nicht gesund war, aber anscheinend war es damals bei der von Klosterfrauen geführten Klinik St. Anna üblich, dass die Seelen möglichst schnell gerettet wurden«, erklärt er. »Ich glaube, weil alles so schnell ging, hatten meine Eltern noch gar keinen Namen für mich. Und so nannten sie mich eben nach dem Tag des Herrn. Aus ›dominica‹ wurde Dominic.«

Als einziger Bub mit drei jüngeren Schwestern erlebte Dominic Geisseler »eine idyllische und privilegierte Kindheit« im luzernischen Malters. Heute ist er überzeugt, dass diese heile Welt ihm »einen guten Boden« geschaffen hat. Er studierte deutsche Literatur und Linguistik, Publizistik und Literaturkritik und arbeitete nebenbei als freier Journalist für die damaligen »Luzerner Neusten Nachrichten«. Nach einem Abstecher als Konzepter in einer Werbeagentur startete er eine steile Karriere im Journalismus. Er war unter anderem Chefredaktor der »Schweizer Illustrierten«, der »Coop-Zeitung« und verschiedener Programmzeitschriften und arbeitete als stellvertretender Chefredaktor bei der »SonntagsZeitung«.

Mit der Unsicherheit in seinem Beruf könne er gut umgehen. »Ich nehme das als Herausforderung, mich immer wieder neu zu erfinden«, erklärt er. Anders orientieren musste er sich auch nach einer Neuorganisation bei der »SonntagsZeitung«. Er baute bei Tamedia erfolgreich eine eigene Abteilung auf, die sich mit Projekten zwischen Redaktion und Verlag beschäftigt.

Hatte er während dieser Umstellungsphase keine Existenzängste? »Natürlich fragt man sich in meinem Alter in beruflich unsicheren Zeiten: Wie geht es jetzt weiter? Und als Vater ist man diesbezüglich noch mehr gefordert. Ich will, dass meine Tochter finanziell abgesichert ist, dass Flo alle Möglichkeiten hat, um das zu machen, was sie möchte. Aber ich habe in meinem beruflichen Leben schon so viele Hochs und Tiefs erlebt, dass ich abgebrühter geworden bin. Es ging ja auch immer wieder eine neue Tür auf.«

Man spürt, Dominic Geisseler orientiert sich am Positiven, und er ist begeisterungsfähig. »Mein neuer Job ist einer der spannendsten, die ich je gemacht habe, verbunden mit viel Arbeit, aber auch mit viel Freiheit«, sagt er. Vor allem aber hat er sich »die Neugierde auf das Leben und die Menschen« immer erhalten. Solange er das Gefühl einer gewissen persönlichen Freiheit habe, sei auch vieles möglich. Und er ist überzeugt, dass er diese Eigenschaften auch mit zunehmendem Alter behalten werde. »Ich hoffe natürlich, dass Flo dafür sorgen wird, dass ich jung bleibe.«

Das Thema Freiheit ist ein wiederkehrendes Thema für den im Sternzeichen Fische Geborenen. Mit sich allein könne er es bestens aushalten. »Mir war in meinem Leben noch nie eine

Minute langweilig«, sagt der Mann mit dem reichen Innenleben, das er aber oft von seiner Umwelt abschirmt. So charmant und zugänglich der gut aussehende 55-Jährige auf den ersten Blick wirkt, so distanziert kann er sein und so gut seine wahren Gefühle verstecken.

Die Vorstellung, dass er nicht erleben könnte, wie seine Tochter groß wird, bereitet ihm manchmal Angst, und so macht er sich in letzter Zeit auch mehr Gedanken über seine Gesundheit. »Wenn ich sehe, wie viele Männer in meinem Alter einen Herzinfarkt oder einen Hirnschlag erleiden, stimmt mich das schon nachdenklich. Vor allem, weil ich definitiv zu wenig für meine Gesundheit tue. Ich rauche, trinke gern ein Glas Wein und habe noch nie ein Fitnessstudio von innen gesehen«, sagt er halb scherzend, halb ernst. Doch sei er sehr gern draußen und bewege sich regelmäßig. »Immerhin bin ich seit 35 Jahren gleich schwer«, scherzt er. Da ist er wieder, dieser Schalk, diese Mischung aus Charme und Witz, welche ihn für viele Menschen anziehend macht.

Wir haben an diesem Abend sehr wenig über seine Partnerin gesprochen. Wie ist das Verhältnis der beiden? »Heidi und ich sind ein Paar, wobei unsere beiden Welten vor allem stark durch unsere Tochter verbunden sind«, sagt er abwägend und mit einem Ton in der Stimme, der ein weiteres Nachfragen eher bremst. Er scheint mein Zögern richtig zu deuten. »Ich bin als Partner vielleicht nicht der Einfachste«, gesteht er, auch wenn er selbst eigentlich nicht das Gefühl habe, kompliziert zu sein. Jetzt ist es an mir zu lachen. Typisch Mann!

Dominics Handy läutet. Das ist ein Ton, der mir sehr vertraut ist, sitze ich doch in der Redaktion vis-à-vis von ihm. Und Dominic ist bekannt dafür, dass er nicht jeden Anruf sofort entgegennimmt. Doch jetzt weiß er genau, wer ihn sucht. Es ist Zeit für das abendliche Facetime-Gespräch mit Florentina. Man sieht und spürt: Jetzt kommt für ihn der Höhepunkt des Abends. Er wendet sich von mir ab und spricht leise mit seiner Tochter. Der Anruf dauert nicht lange, doch wenig später ist Dominics breitem Lächeln anzusehen, wie sehr er sich darüber gefreut hat. Doch es ist auch typisch für ihn, dass er diese kleine Begebenheit nicht thematisiert. Diskretion ist Dominic eben in jeder Lebenslage wichtig.

Flirt am Feierabend

Ich sah ihn regelmäßig, wenn ich nach der Arbeit meine Einkäufe im Quartierladen machte. Er ist der Vater einer früheren Schulkameradin, ich kenne ihn schon ein halbes Leben lang. Wobei »kennen« etwas zu viel gesagt ist – wir sahen uns früher hin und wieder bei einem schulischen Anlass und nun eben beim Einkaufen. Bei diesen Treffen fiel mir sein Name nie ein, darum blieb es bei einem etwas verlegenen »Hallo« meinerseits. Er grüßte immer herzlich mit »Grüezi, Fräulein« zurück.

Als wir uns kürzlich vor der Kühltruhe im Quartierladen trafen, rechnete ich überschlagsmäßig aus, wie alt er sein mochte. Annina, meine ehemalige Schulkollegin, hatte mir erzählt, ihr Vater sei noch »ein halber Teenager« gewesen, als sie auf die Welt gekommen war. Die Ehe der Eltern habe dann auch nicht lange gehalten. Annina war bei ihrer Mutter aufgewachsen, pflegte aber ein gutes Verhältnis zu ihrem Vater. Jedenfalls bis sie vor ein paar Jahren nach New York auswanderte. Ich hatte sie aus den Augen verloren, geblieben waren mir die regelmäßigen »Treffen« im Quartierladen mit Herrn X. So nannte ich ihn heimlich.

»Mögen Sie auch das Vanille-Softeis mit Schokostreuseln so gern?«, wollte er wissen, als ich nach der Glace griff. »Und wie«, lachte ich, »ich bin geradezu süchtig danach.« Er blinzelte mir zu, und ich spürte, wie mir eine leichte Röte in die Wangen stieg.

Mit einem kurzen Blick in seinen Einkaufskorb stellte ich fest, dass er wohl in einem Single-Haushalt lebte. Nur abgepackte, kleine Portionen lagen darin.

»Auf Wiedersehen, Fräulein, bis zum nächsten Mal«, sagte er freundlich. Ich schaute Herrn X nach, wie er mit federndem Gang in Richtung Kasse ging. Er musste Mitte siebzig sein, sah aber immer noch tipptopp gepflegt aus. Eine dunkelbraune Wildlederjacke, gut geschnittene Kakihosen, die auch am Hintern saßen, und das offene weiße Hemd passten perfekt zu seinem leicht gebräunten Teint. Sein graues Haar war noch dicht, nur auf dem Hinterkopf lichtete es sich leicht. Von hinten gesehen sah er aus wie ein flotter Sechziger.

Ich wusste genau, zu welcher der beiden Kassen Herr X gehen würde. Selbst wenn er dort länger warten musste, ging er immer, wenn ich ihn sah, zu der hübschen Kassiererin türkischer Abstammung. Die beiden hielten stets ein Pläuschchen, und Herr X strahlte dann übers ganze Gesicht. In meiner Vorstellung gaben die beiden ein schönes Paar ab. Sie mochte in meinem Alter sein, hatte ihr dunkles Haar stets zu einem lockeren Knoten hochgesteckt und war zu allen Kunden immer sehr freundlich. Neugierig, wie ich war, hatte ich schon früher Ausschau gehalten, ob sie einen Ehering trug. Dem war nicht so. Vielleicht war sie ja ungebunden? Vor meinem geistigen Auge sah ich die beiden bereits bei einem romantischen Candle-Light-Dinner.

Als ich bemerkte, dass Herr X seine wenigen Einkäufe bereits auf dem Kassenband ausgebreitet hatte, legte ich einen Spurt hin, um zu schauen, ob heute wohl wieder die Funken flogen. Sie *musste* ihn doch auch mögen, einen so attraktiven Verehrer. Erwartungsvoll wartete ich hinter ihm, bis er sein Portemonnaie gezückt hatte, und bemerkte hocherfreut, dass sein Gesicht ein einziges Lächeln war. Würde er sie heute zu einem Kaffee nach Feierabend einladen? Herr X schüttelte das »Münz« aus dem Portemonnaie in die hohle Hand, um die 10.20 Franken abzuzählen, die die Kasse anzeigte. Seine Hände zitterten ganz leicht. Ich war gerührt, gleich würde es »crash, boom, bäng« machen.

Eine weibliche Stimme riss mich aus meinen Tagträumereien. »Nur keine Eile, Monsieur, ich helfe Ihnen beim Zählen«, sagte die Kassiererin so laut zu Herrn X, als würde sie mit einem Schwerhörigen reden. »In Ihrem Alter sind die Augen ja nicht mehr die besten.« Noch bevor er etwas entgegnen konnte, hatte sie ihm das Kleingeld bereits aus der Hand genommen.

Was fiel dieser dummen Gans ein? Sie war zehn oder fünfzehn Jahre jünger als er und behandelte ihn wie einen gebrechlichen Senior! Aber auch aus Herrn Xs Gesicht war das Lächeln gewichen. Plötzlich sah er aus wie ein alter Mann. Er flüsterte »danke« und steckte das Portemonnaie in seine Hosentasche. Schnell packte er seine wenigen Einkäufe ein und schritt mit großen Schritten Richtung Ausgang.

Ich stellte meinen Einkaufskorb auf den Boden und spurtete ihm nach: »Herr, ähm, hallo«, rief ich ihm nach. Er drehte sich um, und seine Miene hellte sich auf. »Hallo Fräulein«, sagte er, »habe ich etwas vergessen?« Für einen Moment wusste ich nicht, was ich sagen sollte. Ich wollte ihn ja nicht in Verlegenheit bringen, weil ich die Szene an der Kasse gesehen hatte. »Nein, Sie haben nichts vergessen«, sagte ich ein bisschen atemlos, »aber ich wollte Sie schon lange nach Ihrem Namen fragen.« – »Sagen Sie Kurt zu mir, Fräulein«, antwortete er, »Sie waren ja eine gute Freundin meiner Tochter.« – »Genau«, erwiderte ich. »Und ich wollte schon lange wissen, wie es Annina geht. Dürfte ich Sie zu einem Kaffee einladen?« Kurt lächelte mich an und sagte: »Aber gern, Fräulein, aber nur, wenn ich Sie einladen darf.«

Mein Nachmittag war gerettet. Und ich hoffe, seiner auch. Wenigstens ein bisschen.

»Ich will eifach kei Lämpe meh«

Der Ruhelose: Marco Rima, 56, Schauspieler

Irgendwie begleitete mich Marco Rima schon mein ganzes Leben. Natürlich nicht in Realität, denn ich hatte weder eine seiner erfolgreichen Shows oder einen Film mit ihm gesehen, noch hatte ich ihn jemals interviewt – aber irgendwie war er immer präsent. Vielleicht hatte es damit zu tun, dass wir beide ungefähr gleich alt sind und er in den Medien sehr präsent ist. Natürlich wusste ich, dass Rima als Komödiant und Schauspieler große Erfolge, auch über die Landesgrenzen hinaus, gefeiert hatte. Und natürlich war da das Cabaret Marcocello, das erfolgreiche Bühnenduo Marco Rima und Marcello Weber. Und nicht zu vergessen die Schlagzeilen, die Rima immer wieder mal mit seinem unsteten Liebesleben machte. Aber das wars dann auch.

»Du triffst Marco Rima? Das ist ein guter Typ; pragmatisch, intelligent und unterhaltsam«, hörte ich mehr als einmal im Vorfeld zu meinem Interview. So etwas macht neugierig. Vor allem, wenn man keine Ahnung hat, was einen erwartet. Werde ich Zuschauerin einer One-Man-Show werden, wird überhaupt ein vertieftes Gespräch möglich sein, oder werde ich an seiner glatten professionellen Fassade scheitern?

Sein Händedruck ist fest, sein Lächeln warm, der Auftritt beinahe bescheiden. Hätte ich einen Showeffekt erwartet, ich wäre spätestens jetzt enttäuscht gewesen. Nur sein leicht flackernder Blick, mit dem er das Lokal scannt, lässt erahnen: Ein ganz so relaxter Typ, wie es auf den ersten Blick scheint, ist er nicht.

»Ich bin ein kreatives Kraftwerk«, beschreibt er sich nach der Begrüßung gleich selbst. »Es schafft immer in mir.« Und diese innere Unruhe spürt man: Marco Rima steht unter Strom. Nach wenigen Minuten nur sind wir in ein erstaunlich intimes Gespräch vertieft. »Wir treffen uns zu einem interessanten Zeitpunkt«, erklärt er, wie schon um eine Zusammenfassung bemüht, »ein großer Teil meiner Karriere liegt hinter mir, und mein wichtigstes Bestreben ist es heute, eine gute Zeit zu haben.«

Wie ist diese Aussage zu verstehen? Macht er jetzt auf Privatier, weil es beruflich nicht mehr so gut läuft? Rima erklärt: »Lange Zeit war mein Beruf meine Leidenschaft, sozusagen meine Geliebte, hinter der alles andere zurückstehen musste. Heute halte ich es anders: Ich arbeite immer noch mit Begeisterung, aber meine Liebe gehört meiner Familie und meinen Freunden.«

Marco Rima lebte fast 25 Jahre ein Leben auf der Überholspur. In den 1990er-Jahren spielte er teilweise bis zu 250 Vorstellungen im Jahr – heute sind es vielleicht noch 70 – und war ständig unterwegs. Der Preis für diesen beruflichen Erfolg: Seine erste Ehe zerbrach. »Meine Exfrau sagte oft, du bist zwar zu Hause, aber nicht anwesend«, blickt er zurück. Rima hat aus dieser Beziehung zwei erwachsene Kinder, die heute 24- und

26-jährig sind. Das Verhältnis zu ihnen wie auch zu seiner Exfrau sei »fabelhaft«. Er habe die Verantwortung für seine erste Familie auch nach der Scheidung immer getragen. »Es ging normal weiter mit allen Verpflichtungen. Meine Kinder hatten einfach zwei Zuhause.«

Heute lebt Rima in zweiter Ehe mit Frau Christina. »Bei ihr bin ich angekommen.« Mit ihr hat er zwei weitere Kinder, fünf- und achtjährig. Wie erlebt er seine zweite, späte Vaterrolle? »Wenn du Vater wirst, verlierst du deine Unschuld. Du bist in ständiger Angst und Sorge, dass etwas Schlimmes passieren könnte.« Er sei heute nicht der bessere Vater als früher, aber ein anderer Vater. »Früher war ich unruhig, heute fühle ich mich innerlich geborgener und kann das auch weitergeben. Ich lebe mehr in der Balance.« Doch manchmal will auch Wehmut aufkommen: »Ich wünschte, ich hätte meinen älteren Kindern der Vater sein können, der ich heute bin.«

Dass sich seine ganze große Familie so gut versteht, ist für ihn »das größte Glück überhaupt«. »Ich habe ein tolles Beziehungsgeflecht und werde von meiner Frau Christina bedingungslos geliebt. Sie nimmt mich, wie ich bin, und kann mit mir auch umgehen, wenn ich wieder mal ›meine Tage‹ habe. Sie ist einfach mein Fels in der Brandung.« Diese große Liebe macht ihm manchmal auch Angst. »Weil heute alles so stimmt in meinem Leben, habe ich oft große Verlustängste. Ich will meine Lieben ständig beschützen und unserer Beziehung Sorge tragen.«

Rima gibt zu, dass er nicht immer ein einfacher Partner ist. So musste Christina akzeptieren, dass er mit all seinen Exfreundinnen und auch mit seiner Exfrau einen regen Kontakt pflegt. »Meine Vergangenheit ist meine Gegenwart, aber auch meine

Zukunft«, sinniert er. »Wieso soll ich mit Frauen, die mein Leben beeinflusst haben, keinen Kontakt mehr haben?«

Frauen, so merkt man, spielen im Leben des Entertainers eine wichtige Rolle. Schon seine Mutter und seine Schwester, beides starke Persönlichkeiten, haben ihn geprägt. Zu seiner heute 78-jährigen Mutter hat er eine innige Beziehung. »Mein verstorbener Vater machte immer ›s Chalb‹, während meine Mutter eine Instanz war; die ruhige Kraft, um die sich alles drehte.« Rimas Eltern ließen sich nach neunzehn Jahren Ehe scheiden und heirateten einander fünf Jahre später noch einmal. »Irgendwie spürten sie einfach, dass sie zusammengehörten.«

Eigentlich wollte Marco Rima nicht noch einmal Vater werden. »Ich war am Anfang unserer Beziehung diesbezüglich total ehrlich, und Christina akzeptierte es auch, obwohl sie sich Kinder wünschte. Aber irgendwie spürte ich, dass sie, wenn sie einen guten Mann findet, der Kinder will, weggeht. Das hat sie mir später auch bestätigt. Und ich wollte sie nicht verlieren.«

Musste Christina nicht ein bisschen viel akzeptieren? Zuerst das gute Verhältnis zu seinen »Ex« und dann noch die Tatsache, dass er zuerst keine Kinder mehr wollte? Rima lacht: »Christina ist eine robuste Frau und weiß bestens, wie sie ihre eigenen Bedürfnisse durchsetzen kann. Sie ist eine prima Geschäftsfrau, trinkt Bier und fährt schwere Boliden.«

Doch zurück zum Nachwuchs. Wie haben seine älteren Kinder auf die neuen Halbgeschwister reagiert? »Mein Sohn hat es relativ leicht weggesteckt. Meine Tochter hingegen hatte Probleme damit und Angst, dass sich unsere Beziehung verändert. Sie brauchte Zeit, um mit der neuen Situation umzugehen. Heute allerdings lieben sich alle Geschwister innig.«

»Weisch«, sagt Rima eindringlich, »ich will eifach kei Lämpe meh.« Rima weiß, wovon er spricht. »In meinen jüngeren Jahren habe ich mich zu oft von meiner unteren Körperhälfte leiten lassen. Heute denke ich mehr mit dem Bauch.« Bei seiner Unterbindung habe der Chirurg im Scherz gesagt: »Herr Rima, wir nehmen jetzt einen Eingriff im Großhirn vor«, erzählt er, lacht lauthals und schlägt sich auf den Schenkel. Aber im Ernst: Ist er heute vor allfälligen Versuchungen gefeit? »Ich kann für mich nicht die Hand ins Feuer legen, es kann immer jemand ins Leben platzen; dagegen ist niemand gefeit. Aber meine Frau ist eine Granate, meine Muse, es gibt keine Bessere als sie. Und sie hat durchaus auch ein Auge auf mich.« Er sei ja auch kein willenloses Opfer wie früher so oft: »Auch wenn die Anziehung zu einer anderen Frau noch so stark ist, ich kann die innere Tür immer schließen, wenn ich will.«

Er habe lernen müssen, mit Versuchungen umzugehen. »Ich habe mich während einer früheren Beziehung mal auf den ersten Blick in eine Berufskollegin verknallt. Das hat mich fast wahnsinnig gemacht, ich war verloren. Aber ich wollte meine Freundin nicht betrügen.« In seiner Verzweiflung habe er sich an einen sehr guten Freund gewandt und ihm von seinem Dilemma erzählt. »Dieser hat mir geraten, der Frau, wann immer möglich, auszuweichen.« Was er auch getan habe. »Und es gelang mir, die Teufelchen abzuschütteln«, sagt er stolz. »Nach zwei Wochen waren die Gefühle wirklich weg.« Sein Fazit: »Ein Mann zeigt sich an dem, wie oft er Nein sagen kann. Allerdings«, fügt er lachend an, »meine jetzige Frau dürfte mich nicht sechs Wochen mit einer anderen auf einer einsamen Insel lassen. Dann könnte ich für nichts garantieren.«

Was so amüsant klingt, hat durchaus einen ernsten Hintergrund, gesteht Rima. »Ende zwanzig war ich arg am Schwimmen. Ich flippte umher, war nicht vertrauenswürdig und feige. Aber da ich mir nicht einmal selber traute, konnte es auch meine Umgebung nicht.« Das habe sich grundlegend geändert: »Der Unterschied zwischen meinem 35- und dem 56-jährigen Ich ist: Ich handle heute wie ein Erwachsener. Darum kann ich auch gut schlafen. Früher musste ich mich immer beweisen und produzieren. Ich hatte eine ›Riesenschnore‹, war ein richtiges Großmaul.«

Marco Rima hat keine Scheu, über seine Gefühle zu reden. Im Gegenteil. Während des Gesprächs spüre ich, wie wichtig es für ihn ist, dass ich verstehe, was in ihm vorgeht. Dass er einen so guten Zugang zu seinen Emotionen hat, habe damit zu tun, dass er schon immer von vielen Frauen umgeben gewesen sei. Das zeigt sich heute auch bei der Arbeit. Seine Frau macht das Management, und auch seine Schwester, sein Patenkind und viele andere Frauen gehören zum Rima-Clan. »Frauen sprechen viel klarer aus, was sie denken und fühlen. Viele Männer hauen sich gegenseitig auf die Schultern, lästern dann aber hinter dem Rücken des anderen. Allerdings«, relativiert er, »Männer können auch mit einem Rivalen ein Bier trinken und den Abend zusammen verbringen, das können Frauen nicht.«

In drei Jahren wird Marco Rima sechzig. Macht ihm das Angst? »Keine Angst, aber ich mache mir Sorgen, dass ich meinen zwei Kleinen kein guter Vater mehr sein kann.« Dem gegenüber steht, dass ihn das Älterwerden gelassener und zufriedener gemacht hat. »Das ist doch eine gute Basis für das weitere Leben.«

Mental ist Marco Rima im Gleichgewicht. Wie steht es aber um seine körperliche Gesundheit? »Ich hatte in den letzten sechs Jahren acht Operationen, leide unter anderem an Arthrose in der Schulter, darf mein geliebtes Tennis nicht mehr spielen.« Und vor einigen Jahren hatte er einen Tumor im Darm. »Der Befund war schließlich gut, aber elf Tage lebte ich im Ungewissen. Die Zeit, in der ich weinend im Spital lag, war existenziell und hat alles andere im Leben relativiert.« Da sei ihm bewusst geworden: »Ich habe in früheren Jahren wirklich Schindluder mit meinem Körper getrieben, nach dem Motto ›Ganz oder gar nicht‹ gelebt. Dann bekam ich die Quittung.«

Möglichst gesund zu bleiben, ist ein Wunsch von Marco Rima. Als Nächstes will er darum unbedingt Gewicht verlieren. »Ich bin 1 Meter 75 groß und 105 Kilogramm schwer«, erzählt er freimütig. Und natürlich hat er auch dazu eine Anekdote auf Lager. Seine beiden Kinder hätten in der Schule über den Vater erzählen müssen. Seine Tochter habe stolz erklärt, ihr Papa sei Schauspieler. Der Sohn habe angefügt: »Ja, und er ist dick.«

Da kommt sein nächstes Projekt wie gerufen: Für einen Dokumentarfilm will Marco Rima im Juni 2017 während zweier Wochen rund 2500 Kilometer mit dem Elektrobike durch Österreich und Italien fahren. Dafür trainiert er schon jetzt auf dem Ergometer. Hat er keine Angst vor diesem anstrengenden Abenteuer? »Obwohl ich aus der katholischen Kirche ausgetreten bin, weil mir dieser Männerverein auf die Nerven geht, glaube ich an Engel und gute Energien. Ich sage darum nur: ›Bhüet Gott!‹«

»Ich lebe den Moment«

Der Freigeist: Antoine F. Goetschel, 59, Anwalt und Tierschutzrechtler

Der Mann weiß, wie man Eindruck macht. Zur Begrüßung umfasst er meine Hände, nimmt sie in seine und drückt sie sanft. Dabei schaut er mir tief in die Augen. Und natürlich muss ich meinen schweren Sessel im Restaurant nicht selbst zurechtrücken, auch das übernimmt er, ganz gentlemanlike, obwohl er mir später erklären wird, dass er unter einem »bösen Hexenschuss« leide.

Es ist einfach, mit dem charmanten Anwalt und Tierschützer ins Gespräch zu kommen. Doch sehr schnell wird klar: Er verlangt von seinem Gegenüber hohe Aufmerksamkeit. Wenn Goetschel erzählt, und das tut er spannend, facettenreich und bildhaft, ist es nicht immer ganz einfach, ihm zu folgen oder ihn gar fassen zu wollen. Seine Erzählungen spickt er mit Anekdoten und Sprichwörtern, fast könnte man meinen, er stehe auf einer Bühne und unterhalte ein imaginäres Publikum. Und doch ist er immer auf sein Gegenüber fokussiert, fixiert mich mit festem Blick. Fast habe ich das Gefühl, Goetschel prüfe mich und meine Aufmerksamkeit. »Ich lebe den Moment, und in diesem Moment bin ich ganz bei Ihnen, liebe Frau Aeschbach«, sagt er weich.

Als ich mich für dieses Buch auf die Suche nach spannenden Männern im reifen Alter machte, wurde mir Antoine F. Goetschel gleich von zwei Freundinnen empfohlen. Er habe eine faszinierende Persönlichkeit, führe ein unkonventionelles Leben und sei »ein hochintelligenter Typ mit vielen Visionen«, wurde er mir beschrieben.

In der Tat ist schon Goetschels beruflicher Hintergrund äußerst spannend. Seit mehr als zwanzig Jahren setzt er sich als Anwalt für das Recht von Tieren ein. Er arbeitet als juristischer Berater, Interessenvertreter, als Lobbyist und Experte, und er war Geschäftsleiter der Stiftung für das Tier im Recht (TIR), die er selbst gegründet hat. Dank ihm wurde 1992 die »Würde der Kreatur« in der Bundesverfassung verankert. Und er war maßgeblich daran beteiligt, dass es im Kanton Zürich einen Tieranwalt gibt, der sich für die Rechte der Tiere einsetzt. Nun will er die rechtliche Situation der Tiere weltweit verbessern. Er gründete, zusammen mit anderen Vertretern der Tierrechtsbewegung, das Global Animal Law (GAL) Project. »Wir wollen, dass die verschiedensten Tierschutzorganisationen an einem Strang ziehen – und am selben Ende.« Grundlage des Projekts ist die Dokumentation von Tierschutzgesetzen weltweit, die Interessierten zur Verfügung gestellt wird. Des Weiteren werden Vorschläge gesammelt, wie die Situation der Tiere verbessert werden kann. Es werden Tierschützer, aber auch Regierungen beraten.

Woher stammt Goetschels großes Engagement? Er habe immer ein Herz für Schwächere gehabt, erklärt er. »Es hat mich immer gereizt, mich für Benachteiligte einzusetzen; es hätten auch geschlagene Frauen oder missbrauchte Kinder sein können. Hauptsache, es geht um etwas Ethisches und Wichtiges.«

Auf den ersten Blick wirkt Goetschel so gar nicht wie ein klassischer Anwalt; es geht etwas Künstlerisches, Bohemehaftes von ihm aus. Mit seinen kurzen grauen Haaren, dem scharf geschnittenen Gesicht mit den lebhaften Augen, die an jene eines Adlers erinnern, und dem kompakten Körper wirkt er wie ein Lebemann, der den Genüssen nicht abgeneigt ist. Als könne er meine Gedanken lesen, sagt er mit einer für mich überraschenden Offenheit: »Ich lebe mit meiner Freundin in einer offenen Beziehung. Wir erlauben uns auch sexuelle Begegnungen außerhalb der Partnerschaft.« Dann hebt er das Bierglas und sagt: »Auf das Leben!«

Antoine Goetschel lebt mit seinen 59 Jahren ein intensives Leben. Er hat eine langjährige Ehe und eine ebensolche Partnerschaft hinter sich, ist Vater dreier Kinder und zweifacher Großvater. »Meine kleine Enkelin Amelie ist das süßeste Mädchen der Welt.« Für ihn sei die Liebe »sehr vielschichtig«, und seine Gefühle wolle er »nicht nur auf eine Person fokussieren«. Das klingt sehr abgeklärt. Und was ist mit allfälliger Eifersucht, den Partner teilen zu müssen? »Eifersucht?« Er lacht: »Schließlich gehört mir meine Partnerin nicht«, oder wie es Thornton Wilder gesagt habe: »Wir haben nur, was wir nicht halten.« Was hält er von Paaren, für die Monogamie die einzig mögliche Lebensform ist? Er zuckt die Schultern. »Vielleicht leiden sie unter Verlassenheitsängsten oder haften ihren Gewohnheiten an. Wer weiß?«

Goetschel hat keine Hemmungen, offen über Sexualität zu reden. Gerade kürzlich war er mit seiner »innig geliebten« Partnerin – »sie ist zweifache Großmutter« – im Schweizer Fernsehen zu Gast in der Sendung »Liebesleben – Im Bett mit Herr und Frau Schweizer«. Dort sprach er über sein polygames Liebesleben. Kein Problem mit diesem Outing? Goetschel lacht wie ein Schulbub, der einen Streich ausgeheckt hat: »So holt man doch die Leute hinter dem Busch hervor, oder nicht?«

Wann war er das letzte Mal verliebt? Er schaut mich an, als käme ich von einem anderen Stern. »Verliebt?« Er lacht noch herzhafter. »Das ist ein vorpubertärer Zustand. Ich suche keine Romantik, sondern eine Beziehung auf Herzhöhe.« Doch nicht nur den anderen müsse man mit Liebe begegnen, auch »sich selber muss man gernhaben«. Dass er das tut, ist keine Frage. Ist er ein Menschenfreund? Nein, so will er sich nicht bezeichnen, »damit impliziert man nett und harmlos. Mir geht es um die Wertigkeit, und die ist bei allen Lebewesen gegeben.«

Eine kleine boshafte Frage soll erlaubt sein. Könnte es sein, dass der 59-Jährige in einer Midlife-Crisis steckt und darum seit zwei Jahren das Glück in der Polygamie sucht? Goetschel verneint vehement. Vielmehr entstamme seine jetzige Haltung verschiedenen Schulungen in Persönlichkeitsentfaltung, aktiven Meditationen und einem tiefen und täglichen Eintauchen in den tibetischen Buddhismus.

»Ich habe keine Ängste bezüglich des Älterwerdens«, sagt er bestimmt, »und was meine Sexualität betrifft, so hatte ich in den letzten Jahren viel Raum für erotische Spielformen.« Er habe sich »eine Auszeit« im »prallen« Berlin gegönnt, und das habe ihm »den Überreiz« genommen. Überreiz? Goetschel präzisiert: »Ich hatte so viele Möglichkeiten, mich zu vergnügen, aber weil ich mir nichts verbot, haben viele Dinge ihren Reiz verloren.« Welche erotischen Spielarten das sind, darauf will er allerdings nicht näher eingehen. Dieser Reizüberflutung sei er beispielsweise so begegnet, dass er sich eines Nachts, statt einen Klub zu besuchen, mit einer Flasche Wein und einer Tüte Chips vergnügt habe. »Das war wirklich sehr verrucht«, sagt er mit einem Lachen.

Aber auch sonst sei das Sabbatical in Berlin »sehr wertvoll« für ihn gewesen und »eine wunderbare Erfahrung«: »Ich brauche viel Zeit für mich, um mit all den negativen Emotionen, die der Tierschutz mit sich bringt, fertigzuwerden.« Und er erzählt in den buntesten Farben von einem mit Glück überstandenen Autounfall und von einem Nahtoderlebnis, als würde er über eine schöne Begebenheit berichten. Hat er Angst vor dem Tod? Er verneint. Nach dem Autounfall habe er gefeiert, als gäbe es kein Morgen, und sei danach in einen dreißigstündigen Schlaf gefallen, in dessen Verlauf er auf einmal das Gefühl gehabt habe: »Jetzt ist es zu Ende.« Aber er habe diese Tatsache »einfach akzeptieren können und keine innere Gegenwehr« geleistet. »Ich habe nur bedauert, dass ich meinem jüngsten Sohn kein Vater mehr würde sein können.«

Zurzeit lebt Antoine F. Goetschel in einer Zweizimmerwohnung, zusammen mit ebendiesem sechzehnjährigen Sohn aus seiner letzten langjährigen Beziehung. »Mein Sohn braucht im Moment seinen Vater«, erklärt er. Zwei Männer auf engstem Raum? »Das klappt gut, sehr gut sogar«, präzisiert er. Auch mit dem eingeschränkten Platz habe er keine Mühe: »In diesem Zimmer habe ich alles, was ich zum Leben brauche. Meine Kleider, meine Bücher, meine Pfeifen. Was will ich mehr?« Der Grund für die selbst gewählte Askese? »Eigentum verpflichtet. Und darauf habe ich momentan keine Lust.«

Jahrelang lebte Goetschel in einer großen Wohnung »mit zwei Cheminees«. Aber jetzt sei er in einem Alter, wo er sich die Freiheit nehme, »einfach zu leben. Es gibt Dinge, die mir momentan wichtiger sind, als mir am Wochenende zu überlegen, mit welcher Politur ich meinen schönen Holztisch putzen sollte. Ich brauche Zeit für mich, meinen Sohn, meine Liebe, meine Freundschaften und für meinen Beruf.« Das Hegen und Pflegen des Besitzes sei nicht sein Ding. Das bedeute allerdings nicht, dass er keine Freude an schönen Dingen habe. »Aber ich schaffe eine lustvolle Distanz zwischen mir und dem Außen.«

Dieser Wunsch nach einem freien und selbstbestimmten Leben könnte damit zusammenhängen, dass Goetschel schon früh im Leben »viel Gewicht auf den Schultern« zu tragen hatte. Seine Schulfreundin wurde von ihm schwanger, als er neunzehn Jahre alt war. Nach seinem Jus-Studium – »ich musste damals einen vernünftigen Beruf erlernen« – wollte er möglichst schnell in den Arbeitsprozess hinein. Im Militär diente er bis zum Hauptmann. Goetschel hatte sich »ganz dem Leistungsdenken verschrieben. Mein Leben war ein Marathon. Lizenziat, und am Ende des Studiums kam noch das zweite Kind auf die Welt.« Noch vor der Dissertation schrieb der Rastlose zwei Bücher. Zehn weitere sollten im Lauf der Jahre folgen. »Ich habe damals nur funktioniert und nicht auf meine eigenen Bedürfnisse geachtet«, erinnert er sich. »Mir war es wichtig, meine Pflichten zu erfüllen. Hinterfragt habe ich mein Leben nicht.« Betonen möchte er, dass auch seine damalige Frau – geheiratet wurde erst nach der Geburt des ersten Kindes – die Möglichkeit hatte, ein Studium zu absolvieren und sich intensiv um sich selbst zu kümmern.

Nach sechzehn Jahren wurde die Ehe geschieden, daraufhin war Goetschel »ein paar Jahre allein«, bis er eine Beziehung mit einer Tierschützerin einging. Seine Freundin wurde schwanger, verlor das Kind aber im fünften Monat. »Es starb in meinen Händen«, sagt er, und seine Augen verdunkeln sich für einen Moment. Wenig später wurde er dann doch noch einmal Vater. Die Beziehung mit der Mutter seines Sohnes hielt allerdings nicht. »Ich hatte das Gefühl, ich trockne seelisch aus. Ich konnte meine Werte, meine Spiritualität nicht mehr ausleben«, erinnert er sich. Das Zusammenleben mit seinem jüngsten Sohn hingegen gebe ihm jetzt ein Gefühl »großer Zufriedenheit«.

Bezeichnet er sich als guten Vater? Das »Ja – gut genug« kommt sehr schnell. Er pflege ein schönes Verhältnis zu seinen Kindern. Sein älterer Sohn wurde Schauspieler, arbeitet heute aber als Primarlehrer, die Tochter studierte Theologie und ist jetzt als Seelsorgerin und Musikpädagogin tätig. »Sie arbeitet mit Schwerverbrechern«, sagt er stolz, und man merkt, wie stark die Liebe zu seinen Kindern ist. Mit deren Müttern pflege er ein »entspanntes Verhältnis«. Kürzlich habe er Geburtstag gefeiert, da seien alle zusammengekommen. »Es war ein tolles Fest, aber natürlich waren mehr Frauen als Männer da«, sagt er. Da ist er wieder, dieser typische Schalk; eine Mischung aus Selbstgefälligkeit und Ironie. Was überwiegt, ist schwer zu sagen. Sicher ist: Antoine F. Goetschel ist mit sich und seinem Leben im Reinen.

Apropos Frauen. Er hat am Abend noch eine Verabredung. »Ich gehe tanzen. Mit ein paar schönen Frauen«, ergänzt er. Wenn es ums Genießen geht, scheint sogar der Hexenschuss kein Problem mehr zu sein.

Ziemlich beste Freunde

Ich habe einen guten Freund, nennen wir ihn Olaf. Wir haben uns vor gut zwanzig Jahren bei der Arbeit auf einer Redaktion kennen gelernt und seither gemeinsam viele Höhen und Tiefen durchlebt. Zwischendurch hatten wir auch einmal eine mehrmonatige »Beziehungspause«. Doch darüber später mehr.

Die alte Frage, ob Frauen und Männer beste Freunde sein können, ist für mich damit beantwortet. Und nein, Olaf ist nicht schwul. Im Gegenteil: Er ist ein echter Womanizer, hatte immer eine schöne Frau an seiner Seite und manchmal auch zwei. Jetzt, mit Mitte fünfzig, ist er ein bisschen ruhiger geworden, aber seine Wirkung auf mein weibliches Umfeld ist ungebrochen. Wenn ich eine Party gebe, dann fragen nicht wenige meiner Single-Freundinnen, natürlich ganz beiläufig: »Und kommt Olaf auch?«

Zurzeit ist Olaf Single. Das gefällt mir, denn so hat er mehr Zeit für mich. Er ist sozusagen »mein Mann für alle Fälle«. Hat mein Liebster keine Lust, mich ins Kino, an ein Konzert oder einen beruflichen Event zu begleiten, ist Olaf gern zur Stelle. Und die Aufmerksamkeit und der Neid anderer Frauen sind mir gewiss, denn Olaf ist nicht nur ein angenehmer Kompagnon, sondern auch ein schöner Mann. Ich necke ihn oft mit seinem Filmstar-Aussehen, aber das Beste an der ganzen Sache ist: Er ist total uneitel. Das macht ihn umso anziehender.

Wir hatten in vergangenen Zeiten durchaus unsere Flirt-Momente. Sprich: Wir waren ein bisschen ineinander verknallt. Allerdings nie gleichzeitig. Einmal war ich in einer Beziehung, einmal er. Falsches Timing, nennt man das wohl. Nachdem wir uns deshalb zwei- oder dreimal »verpasst« hatten, gestanden wir uns in einer weinseligen Nacht unsere Gefühle, beschlossen aber, die Beziehung auf einer platonischen Ebene zu belassen. »Affären gehen vorbei, Freunde bleiben«, lautete Olafs Devise. Ich war da ganz einverstanden.

Ich beobachtete Olafs Liebesleben allerdings immer genau. Denn ehrlich gesagt, passte mir noch lange nicht jede Frau, die er im Schlepptau hatte. Meistens waren seine Freundinnen, die er auf Online-Plattformen kennen lernte, ein ganzes Stück jünger als er. Gut aussehend, aber nicht die hellsten Kirchenlichter. »Ich brauche etwas für mein Vergnügen, keine beste Freundin. Ich habe ja dich«, pflegte er jeweils zu sagen, wenn ich ihn mit seinen wechselnden Eroberungen aufzog.

Trotz seiner humorvollen Art hat Olaf durchaus seine nachdenklichen Momente. Bevor ich im letzten Sommer heiratete, wollte er mich unbedingt vorher noch zu einem Tête-à-Tête, »einem Abschiedsessen«, wie er es nannte, einladen. Da saßen wir also an einem heißen Juniabend im romantischen Garten eines Seerestaurants. Draußen zogen beleuchtete Schiffe vorbei. Es herrschte eine etwas wehmütige Stimmung. Olaf nahm meine Hand und sagte leise: »Jetzt ist mir also einer zuvorgekommen. Aber wehe, wenn er nicht gut zu dir ist, dann vermöble ich ihn.«

Wir lachten beide laut, vielleicht etwas zu laut, denn die Szene war ein bisschen kitschig, fast wie aus einem Hollywood-Film. Und tatsächlich kam mir jetzt auch eine Szene aus »My Best Friend's Wedding« mit Julia Roberts in den Sinn. In dieser romantischen Komödie spielt Roberts eine Restaurant-Kritikerin, der, ein paar Tage bevor ihr bester Freund heiratet, klar wird, dass sie die ganze Zeit verliebt in ihn war. Da er sie jahrelang angehimmelt hatte, hatte sie sich seiner immer (zu) sicher gefühlt und nie daran gedacht, dass er eines Tages eine andere wählen könnte. In der Folge versucht Roberts mit den verrücktesten Unternehmungen, die Hochzeit zu verhindern. Was ihr natürlich nicht gelingt. Am Schluss bleibt sie zwar mit einem gebrochenen Herzen zurück, aber sie wünscht ihrem ehemaligen Freund nur das Beste und Schönste.

Aber hallo! Wir waren hier nicht in Hollywood, ich war nicht Julia Roberts und Olaf nicht meine heimliche Flamme. Olaf kannte meinen zukünftigen Mann Hanspeter ebenfalls seit Jahren. Die beiden waren Kollegen, und Hanspeter sah Olaf nie als Konkurrenten. Was für das Selbstbewusstsein von Hanspeter spricht – oder für sein Vertrauen in mich.

An meinem Hochzeitsfest war mein bester Freund dann allerdings doch nicht dabei. Er hatte kurz zuvor beschlossen, mit einer neuen Flamme in die Ferien zu fliegen. »Ich habe ein super Angebot gefunden«, sagte er, »sei nicht traurig, wir feiern nach.« Das enttäuschte mich zwar ein wenig, aber irgendwie konnte ich es auch verstehen. Ich hätte auch keine große Lust gehabt, ihm dabei zuzusehen, wie er eines seiner »Tüpfi« heiratet.

Nach meiner Hochzeit hörte ich wochenlang nichts von Olaf. Das war merkwürdig, denn wir tauschten uns sonst regelmäßig aus. Wenn ich ihn anrief oder ihm eine Whatsapp-Nachricht schickte, antwortete er einsilbig und distanziert. Zuerst dachte ich mir nichts dabei. Im Gegenteil. Vielleicht war aus dem Ferienglück etwas Beständiges geworden? Erst nachdem er bereits zwei Monate in der Versenkung verschwunden war, schrieb ich ihm eine Mail, in der ich um Auskunft bat. Jetzt war ich nicht mehr unsicher, sondern verärgert. Er schrieb darauf nur kurz zurück: »Du hörst von mir.«

Nach dieser Nachricht begann ich mir wirklich Sorgen zu machen. War Olaf ernsthaft erkrankt? Hatte er seinen Job verloren, war seine Freundin ungewollt schwanger geworden? Am nächsten Tag klingelte es an der Tür. Eine Blumenbotin überreichte mir einen Blumenstrauß: hellblaue Hortensien. Wer schickte mir meine Lieblingsblumen? Eine Karte gab Aufschluss. »Entschuldige mein Abtauchen, aber dass Du geheiratet hast, hat mich doch ein bisschen mehr mitgenommen, als ich gedacht hätte. Ich melde mich, wenn die Zeiten wieder rosiger sind. Dein O.«

Ich war perplex. Der Frauenschwarm Olaf, der an jedem Finger eine Frau haben konnte, war traurig, weil ich geheiratet hatte? Lautete nicht seine Devise »Affären gehen, Freunde bleiben«? Zuerst war ich nahe daran, ihn anzurufen. Aber ich spürte, dass dies nicht der richtige Weg war. Ich musste ihm Zeit lassen.

Herbst und Winter gingen ins Land. Olaf fehlte mir, aber ich respektierte seinen Entschluss. Vielleicht war es wirklich besser, wenn wir uns eine Zeit lang nicht mehr sahen. Dann traf ich ihn per Zufall beim Einkaufen. Es war seltsam: Einerseits spürte ich Freude über das unverhoffte Wiedersehen, andererseits aber auch eine gewisse Beklemmung. Nach ein paar Minuten Small Talk war allerdings die vertraute Stimmung zwischen uns wieder da. »Bist du glücklich, meine Schöne?«, fragte er. Ich nickte: »Ja, sehr.« Er lächelte und fragte: »Kaffee, nächste Woche?«

Aus dem Kaffee wurde ein ausgedehntes Mittagessen. Olaf erklärte mir, dass ihn meine Hochzeit in ein Tief gestürzt habe. Seine Traurigkeit habe er sich zunächst noch damit erklärt, mich an einen anderen Mann verloren zu haben. Mit der Zeit sei ihm aber klar geworden, dass etwas anderes ihn so bedrückte, nämlich die Tatsache, dass alle seine Freunde nun in festen Beziehungen seien. Nur er, der Bindungsphobiker, flattere »von Blüte zu Blüte«. »Weißt du«, sagte er, »ich hatte plötzlich das Gefühl, ein alter Mann zu sein, der es nicht geschafft hat, eine Familie zu gründen. Dieses Gefühl hat mich fast umgebracht.« Er habe sich auch oft vorgestellt, wie alles hätte sein können, wenn aus uns ein Paar geworden wäre. »Aber das Schicksal hat es anders gewollt. Und inzwischen habe ich das akzeptiert.« Sein Geständnis rührte mich. Fast musste ich ein bisschen weinen. Vor Mitgefühl, aber auch vor Freude, weil wir hier zusammensaßen und uns wiedergefunden hatten.

Nein, diese Geschichte hat kein klassisches Happy End, jedenfalls nicht wie in einer Filmromanze. Ich habe Hanspeter nicht für Olaf verlassen und bin immer noch glücklich verheiratet. Und Olaf ist mal wieder Single. Allerdings hat sich sein Dating-Verhalten verändert; er hat seine Mitgliedschaft bei einem großen Online-Dating-Portal gekündigt. »Ich warte jetzt auf die Richtige«, meinte er in ernsthaftem Ton, aber der Schalk blitzte aus seinen Augen.

Mittlerweile ist Olaf wieder ganz der Alte: Kürzlich erzählte er von einer »interessanten Begegnung« im Zug. »Sie ist zwar ein bisschen alt für mich, nur um die fünf Jahre jünger, aber wer weiß, vielleicht ist sie diejenige«, scherzte er.

Es würde mich von Herzen freuen, wenn Olaf sein Glück gefunden hätte. Aber das Wichtigste ist: Wir sind wieder Freunde. Und ich bin mir sicher: Diesmal ist es für immer.

»Ich bin und bleibe ein Kindskopf«

Der Ruhelose: Michel Péclard, 49, Gastronom

Ehe ich begreife, wie mir geschieht, hat er mich bereits fest umarmt, mir drei dicke Schmatzer auf die Wangen gedrückt und mir das Du angeboten. Wobei das mit dem Du-Anbieten etwas übertrieben ist. Michel Péclard duzt mich nämlich einfach, ohne vorher zu fragen, obwohl wir uns nur sehr flüchtig kennen. Normalerweise habe ich mit solch stürmischem Verhalten eher Mühe, aber diesem Wirbelwind kann man schwer etwas übel nehmen.

Es dauert keine drei Minuten, und wir sind bereits in ein Gespräch vertieft. Der 49-Jährige hält anscheinend nicht viel von Small Talk; er spricht Tacheles. Über seinen Lebensstil sagt er gleich zu Beginn unseres Gesprächs: »Ich lebe nicht besonders gesund: zu viel Alkohol, zu viel Essen, zu wenig Schlaf. Sollte ich den Löffel abgeben, sind meine Kinder aber durch eine Lebensversicherung gut abgesichert«, zwinkert er mir zu.

Damit seine Nachkommen auf ihr Erbe noch ein bisschen warten müssen, treibt Péclard als Ausgleich »massiv viel Sport«. Jeden Morgen steht er als Stand-up-Paddler auf dem Zürichsee, und über Mittag »kotze ich mich beim Spinning aus«. Zweimal jährlich »gönnt« er sich eine zehntägige Ayurveda-Kur. »Am Anfang stinkt mir das gewaltig, aber danach kann ich wieder Bäume ausreißen«, schwärmt er. Obwohl das Zu-sich-Finden eine nicht ganz einfache Sache sei. »Zehn Tage nicht reden, da drehst du fast durch. Aber dadurch schaffe ich Freiraum für meine Kreativität.«

Etwas wie Mittelmaß scheint Michel Péclard nicht zu kennen. Er lebt sein Leben mit Vollgas, und manchmal betreibe er auch Raubbau an seinem Körper. »Wenn ich mit ein paar Freunden ausgehe, da leeren wir schon mal fünf Flaschen Weißwein. Aber keinen Schnaps und auch keine Drogen.« Auch wenn ihm dies immer wieder unterstellt werde. »Ich habe keine Lust, vernünftig zu leben. Sehr wahrscheinlich bin ich ein ADHS-Kind, das nie erwachsen geworden ist. Ich bin und bleibe ein Kindskopf.« Auch wenn Michel Péclard durchaus gern mit seinem Peter-Pan-Image kokettiert, ist ihm bewusst, dass es wichtig ist, »die eigenen Grenzen zu kennen«. Und obwohl er ein Genussmensch ist, liegt ihm etwas an seiner Gesundheit. »Ich verstehe nicht, dass sich viele ältere Männer so gehen lassen.«

Was andere über ihn denken, ist dem Freigeist ziemlich egal. »Die Leute sagen oft, ich sei ein Verrückter, ein Spinner, aber was solls«, sagt er und strahlt dabei über das ganze Gesicht. Michel Péclard hat gut lachen, denn er ist beruflich äußerst erfolgreich. »An sich habe ich furchtbar schlechte Karten für die Gastronomie. Ich bin ein farbenblinder Buchhalter, der nicht kochen kann und keine Ahnung hat von Wein«, erklärt er. Doch das tut seinem Erfolg keinen Abbruch: Dem Dozenten für Rechnungswesen an der Hotelfachschule Luzern gehören acht gut laufende Restaurants in der Stadt Zürich und eines in Arosa. »Ich bin extrem stolz auf das, was ich erreicht habe, aber ohne meine guten Mitarbeiter hätte ich das nie geschafft. Wir sind eine große Familie.«

Und diese »Familie« sowie seine zwei Söhne, dreizehn- und siebzehnjährig, aus der ersten Ehe sorgten dafür, dass seine Lebensqualität mit dem Alter gewachsen sei. »Je älter ich werde, desto zufriedener und glücklicher werde ich sein«, ist er überzeugt.

Vor fünf Jahren jedoch sah das Leben des durchtrainierten Genussmenschen alles andere als rosig aus. »Ich wog 110 Kilo, arbeitete Tag und Nacht und stand vor den Scherben meiner langjährigen Ehe.« Seine Frau hatte ihn Hals über Kopf verlassen. In der Folge erlebte er eine schwere Midlife-Crisis. »In dieser Phase meines Lebens war ich extrem fertig«, erinnert er sich. »Ich konnte nicht fassen, was mir passiert war, und hatte Selbstmordgedanken.« Was ihn gerettet hat, sind seine Freunde und Mitarbeiter. Und eine anderthalbjährige Therapie, die er gemacht hat. »Es mag ein bisschen kitschig klingen, aber dadurch habe ich zu mir selbst gefunden.«

Heute ist er überzeugt: »Hätte meine Exfrau damals nicht einen Schlussstrich gezogen, ich hätte bis heute mindestens drei Herzinfarkte gehabt, falls ich überhaupt noch leben würde.« Mit seiner Ex hat er heute wieder ein gutes Verhältnis. »Ich glaube, sie bereut es sogar ein bisschen, dass sie mich damals verlassen hat.« Scherz oder Wahrheit? Bei Michel Péclard schwer zu sagen. Man nimmt es ihm aber sofort ab, wenn er sagt: »Ich bin glücklich mit meinem Leben.«

Wir sitzen zusammen auf einem Sofa, er trinkt ein Glas Wein, ich einen Espresso. Nach meinem Geschmack ist der

Abstand zwischen uns ein bisschen klein. Immer wieder legt er eine Hand auf meine Schulter, berührt mein Bein oder streicht über meine Hand. Diese Berührungen wirken für mich aber nicht aufdringlich, sondern wie die eines Kindes, das Aufmerksamkeit will.

Wie ist sein heutiger Zivilstand? »Ich hatte in den letzten Jahren zwei längere Beziehungen. Eine mit der Moderatorin Patricia Boser«, sagt er fast etwas stolz. »Leider haben meine Buben sie nicht akzeptiert.« Nicht akzeptiert? »Ja«, er nickt eifrig, »sie haben einfach nicht mit ihr gesprochen.« Ich muss lachen, obwohl diese Situation sicher nicht einfach gewesen ist. Aber Péclard bleibt ernst. »Meine Kinder bedeuten alles für mich. Und wenn das heißt, dass ich wegen ihnen allein bleibe, dann ist es halt so. Allerdings besteht die Hoffnung, dass es sich in Zukunft bessern wird, denn schließlich sind die Buben ja bald erwachsen.«

Trotz der Tiefschläge – »ich habe aber mit meinen Expartnerinnen noch immer einen extrem guten Kontakt« – kann er sich durchaus vorstellen, wieder eine Beziehung einzugehen. »Natürlich würde ich gern mit einer guten Frau älter werden – ich habe meine Beziehungen immer sehr genossen.« Wie muss denn eine Frau sein, damit sie ihn interessiert? »Ich brauche keine Partnerin, die auf mich wartet. Sie sollte ein eigenes Leben führen und selber etwas bewegen.«

Viele Männer um die fünfzig tendieren zu jüngeren Frauen. Wäre das eine Option für ihn? »Nein, überhaupt nicht«, sagt er. »Was soll ich denn mit einem jungen Ding überhaupt reden?« Auch etwas anderes stört ihn an vielen jüngeren Frauen, nämlich dass viele von ihnen Sicherheit suchen würden. »Und die kann ich nicht bieten. Ich bin wie ein Vogel; man muss mich fliegen lassen, dann komme ich immer wieder zurück.«

Eine Frage muss erlaubt sein: Wie hat denn seine langjährige Ehe überhaupt funktioniert? »Ganz einfach: Wir haben uns kaum gesehen. Meine Frau hat Medizin studiert, ich habe Tag und Nacht gearbeitet, uns fehlte einfach der gemeinsame Nenner. Auch die Kinder konnten das leider nicht kitten.«

Diese Ehrlichkeit ist beeindruckend. Und wenn Michel Péclard sagt: »Ich bin gut Freund mit jedermann«, klingt das nicht nach jemandem, der Angst vor Einsamkeit hat, sondern nach einem, der ein Menschenfreund ist. Auch mit seinem Team ist er regelmäßig unterwegs: In wenigen Tagen wird er mit allen Mitarbeitern nach Miami reisen, um dort eine »verrückte Zeit« zu verbringen. »Solche Ausflüge fördern nicht nur den Zusammenhalt, sondern auch meine Kreativität.« Sosehr er das Zusammensein mit anderen liebe, sosehr genieße er auch das Alleinsein, denn eigentlich sei er ein Einzelgänger. »Ich bin als Kind oft allein gewesen. Das hat mich geprägt.« Heute könne er allein durch New York laufen, »und ich fühle mich wie ein Staubsauger, der alles aufnimmt, was um ihn herum passiert«.

Péclard stammt aus einer vermögenden Familie, da liegt die Vermutung nahe, dass er in Saus und Braus lebt. Falsch gedacht. »Ich habe nach der Scheidung ein Jahr auf dem Campingplatz gewohnt«, erzählt der Tausendsassa. Zurzeit lebt er in einer möblierten Wohnung. »Keinen Besitz zu haben, befreit mich.« Seltsamerweise sagen das immer die wohlhabenden Leute. Doch Péclard betont: »Mein Geld steckt in meinen Betrieben.« Außerdem wisse er genau, wie es sei, Existenzängste zu haben: »Ende der 1990er-Jahre stand ich zweimal vor dem

Konkurs. Zum Glück habe ich früh eine schmerzhafte Lektion erhalten. Ich war noch keine dreißig, hatte mich gerade selbständig gemacht, und die drei ersten Restaurants liefen sehr gut. Da übernahmen mein Partner und ich aus Übermut noch ein Zunfthaus – zu katastrophalen Bedingungen. Die Kosten explodierten.« Er musste über seinen Schatten springen und seinen Vater, einen Vermögensverwalter, um Hilfe bitten. Dieser habe gelacht und gesagt: »Ein Glück, dass dir das mit 100 000 Franken passiert und nicht mit zehn Millionen!« Er habe das damals nicht lustig gefunden, habe aber erkannt, »dass es wichtig ist, im richtigen Moment lehrreiche Fehler zu machen«.

In seinem Umfeld wird schon mal geunkt, Péclard sei eine lebende Rechenmaschine. In einem Interview wurde er gefragt, ob er genau wisse, wie viel Umsatz seine Zürcher Lokale machen würden. Darauf antwortete er: »Ich mache gemeinsam mit meinem Geschäftsführer die Buchhaltung und weiß von jedem Pouletflügeli, was es kostet. So merke ich sofort, wenn Rechnungen von Lieferanten fehlerhaft sind oder in einem Betrieb Probleme auftauchen.«

Im Verlauf des Gesprächs wird immer klarer, dass es vor allem zwei Dinge sind, die Michel Péclard wichtig sind: seine Firma – »meine Angestellten sind meine Familie« – und seine beiden Söhne. Trotzdem kann er sich gut vorstellen, in wenigen Jahren mal für eine gewisse Zeit auszusteigen. Er habe sein Geschäft so organisiert, dass es auch ohne ihn laufe. Sein Wunschtraum ist es, »mit den Buben einige Monate um die Welt zu reisen«.

Nächstes Jahr wird Michel Péclard fünfzig Jahre alt. Was bedeutet das für ihn? »Das interessiert mich überhaupt nicht.

Mit vierzig glaubte ich, dass ich jetzt erwachsen sei. Was natürlich ein totaler Trugschluss war, denn ich bin es auch heute noch nicht.« Michel Péclard strahlt über das ganze Gesicht, und ich glaube ihm aufs Wort, als er sagt: »Ich hatte meine Krise mit Mitte vierzig, vielleicht früher als andere. Aber ich habe das Ruder herumgerissen und bin jetzt im Reinen mit mir.«

»Ich wollte einfach leben, wie es für mich stimmt«

Der Einzelkämpfer: Peter Brun, 48, Kommunikator

Das Treffen mit Peter Brun findet zu einem für ihn bedeutungsvollen Zeitpunkt statt. Zwei Wochen danach wird er nach Dubai auswandern. Dies aus beruflichen Gründen. Ein neuer Job lockt ihn weg vom idyllischen Greifensee, wo er seit Jahren wohnt, in die Vereinigten Arabischen Emirate. Das ist ein großer Schritt, auch wenn es Brun gewohnt ist, viel zu reisen. Doch das Jobangebot einer Tochterfirma von Kuoni kam für ihn »zum richtigen Zeitpunkt«. Er wird dort die Verantwortung für deren globale Kommunikation sowie für Marketing und Branding übernehmen wie auch für die Nachhaltigkeit des Unternehmens besorgt sein. »In zehn Jahren hätte ich die Power nicht mehr gehabt«, ist er überzeugt. Trotz großer Freude habe er aber auch »ein mulmiges Gefühl, einen ›Klumpen‹ im Bauch«, wenn er an sein neues Leben denke. Doch er relativiert schnell: »Es ist ein kalkulierbares Risiko. Die Möglichkeit, in die Schweiz zurückzukehren, ist immer da.«

Momentan spricht jedoch niemand von Umkehr. Es herrscht Aufbruchsstimmung im Leben von Peter Brun. Einzig zwei große Koffer wird er mitnehmen. Zurück bleiben seine zwei Töchter, fünfzehn und neunzehn Jahre alt, seine Exfrau, seine Eltern, Verwandte und Freunde. Und auch seine Wohnung möchte er vorläufig behalten.

Ich kenne Peter schon seit langem. Wir haben in den 1990er-Jahren zusammen beim Schweizer Fernsehen in der sogenannten Talentschmiede, dem Tagesfernsehen (TAF), gearbeitet und moderierten gemeinsam einige Sendungen. »Peti«, wie ich ihn damals nannte, war einer der Jüngsten im Team, ich eine der Ältesten. Uns verband eine Art Große-Schwester-kleiner-Bruder-Beziehung. Wir konnten gut miteinander, hatten einen liebevoll-spöttischen Umgang. Schon damals fiel der hochgewachsene Blonde durch seinen Ehrgeiz und seine dezidierte Meinung auf. Ich nannte ihn darum gern »Prinz Naseweis«, er mich im Gegensatz dazu »blondes Gift«.

Nach dem Fernsehabenteuer trennten sich unsere Wege, doch ganz verloren wir uns nie aus den Augen. Es erstaunte mich nicht, dass Peter Karriere machte. Er war Programmleiter und Chefredaktor beim Zürcher Lokalradio 24 und danach während acht Jahren Kommunikationschef beim Reisekonzern Kuoni. Und jetzt geht es eben noch ein paar Sprossen höher auf der Karriereleiter.

Was haben seine Kinder und seine Exfrau zu seinem Entschluss, in die Vereinigten Arabischen Emirate auszuwandern, gesagt? »Ich habe sie natürlich in den Entscheidungsprozess einbezogen. Auch sind die Kinder jetzt in einem Alter, wo sie mich besuchen kommen können.« Und wenn sie gar nicht einverstanden gewesen wären? Er zögert einen Moment, sagt dann aber bestimmt: »Sie hätten es wohl akzeptieren müssen.« Es ist klar, wo bei dem 48-Jährigen die Prioritäten liegen.

Er selbst wird mehrmals jährlich in die Schweiz reisen. »Der erste Heimflug vor Weihnachten ist schon gebucht«, sagt er strahlend, und es ist spürbar, dass dies für ihn ein kleiner Anker in einer doch ungewissen Zukunft ist. Doch Peter will sich keine Unsicherheit anmerken lassen: »Ich bekomme sicher keinen Koller, dafür bin ich zu bodenständig, und ich bewege mich ja schon länger auf dem internationalen Parkett«, sagt er selbstbewusst.

An Selbstbewusstsein mangelt es Peter Brun definitiv nicht. »In den letzten fünf bis zehn Jahren ist es unheimlich gewachsen«, sagt er schelmisch. »Das muss am Älterwerden liegen. Heute kann ich mich in jeder Runde sicher bewegen; da ich proaktiv auf die Leute zugehe, finde ich auch zu allen einen Draht.« Dass es bei vielen Begegnungen beim Small Talk bleibt, stört ihn nicht. »Vieles in meinem Beruf hat mit Repräsentieren zu tun. Ich mag den Kontakt zu anderen Menschen, auch wenn er nur oberflächlich bleibt.«

Peter Brun spricht gern mit Ausrufezeichen. Vieles ist bei ihm »cool!«, »mega!«, »enorm!« und »extrem!«. Er sagt von sich selbst, dass er ein »enormes Allgemeinwissen« habe, »ein extrem interessierter Zeitgenosse« sei und »total« auf sein Äußeres achte. Das könnte unsympathisch wirken – tut es aber nicht, da bei seiner Selbstbeschreibung immer ein bisschen der Lausbub durchkommt. »Prinz Naseweis« eben.

Als Berufsmann hat Peter Brun so ziemlich alles erreicht, was in der Kommunikationsbranche möglich ist. Er wurde von Medienschaffenden zum »Schweizer Pressesprecher des Jahres« gewählt und gilt in seiner Branche seit Jahren als einer der Besten. Er sei ein toleranter Typ und habe immer klar und transparent informiert, sagen Kollegen über ihn. Und Peter erzählt stolz, dass so mancher seiner Mitarbeiter über ihn gesagt habe, er sei »der beste Chef« gewesen.

Nicht ganz so glatt lief es bei ihm allerdings in privaten Belangen. Anfang dreißig outete sich der verheiratete zweifache Vater als homosexuell. Mit 35 kam es zur Trennung von seiner damaligen Frau. Heute glaubt Brun, in dieser Zeit seine erste Midlife-Crisis erlebt zu haben. »Ich war verwirrt, denn ich habe meine Frau wirklich tief geliebt. Aber nach dreißig fühlte ich mich einfach mehr von Männern angezogen.« Für seine Exfrau sei dieses Outing zunächst »ein Schock« gewesen. Dass sie bald danach wieder einen neuen Lebenspartner gefunden hat, habe natürlich geholfen, die Situation zu entschärfen. Im Streit seien manchmal auch harsche Worte gefallen. »Ich hatte schon ein schlechtes Gewissen meiner Familie gegenüber. Aber ich wollte einfach so leben, wie es für mich stimmte.« Eines ist ihm jedoch wichtig: »Ich bin in meiner Ehe meiner Frau immer treu gewesen.«

Heute ist das Verhältnis zu seiner Ex »ausgezeichnet« und das zu seinen Kindern ebenso. Dass Papa Männer liebt, sei für sie zu keiner Zeit ein Problem gewesen, da er diesen Umstand ihnen gegenüber offen kommuniziert habe. Diese Ehrlichkeit zu seinem engsten Umfeld habe ihm die große Freiheit gegeben, »so zu leben, wie ich will«.

Ein solches Outing ist für einen Ehemann und Familienvater ungewöhnlich. Kann man seine Frau wirklich »von ganzem Herzen lieben« und sich dann plötzlich von Männern angezogen fühlen? »Bei mir war die sexuelle Neigung immer ambivalent«, präzisiert Peter Brun. »Als ich als Teenager mit den Eltern in Rimini war, fand ich die braun gebrannten Italo-Typen schon ziemlich erotisch. Doch später stand ich ausschließlich auf Frauen.«

Was zusätzlich zu seiner Homosexualität die Trennung von seiner Frau beschleunigt habe, sei sicher auch »der enorme Arbeitsanfall« gewesen. »Als Chefredaktor beim Radio und als junger Vater hatte ich sehr viel Verantwortung zu tragen«, sagt er. Dass diese arbeitswütige Zeit auch eine Flucht vor privaten Problemen gewesen sei, könne durchaus sein, gibt er zu. Auf die Frage, wie denn sein heutiger Beziehungsstand sei, lächelt er: »Ich lebe mein Leben und brauche keine feste Beziehung.« Und wie steht es mit der Liebe? Er sei in den letzten zwölf Jahren vielleicht zwei-, dreimal verliebt gewesen, »aber wenn es ernst wurde, blockte ich immer ab«. Den Grund dafür kennt er selbst nicht genau, meint aber, dass er keine Zeit und Lust gehabt habe, sich noch weitere Verantwortung aufzubürden. Mit dem Job und der Familie sei er diesbezüglich ausgefüllt gewesen.

Geht er offen mit seiner Liebe zu Männern um? »Keiner hat mir zu sagen, wie ich leben soll«, sagt er entschieden. »Wenn mich jemand darauf anspricht, stehe ich dazu. Aber ich trage meine Homosexualität nicht wie ein Banner vor mir her.« Und überhaupt gehe es ihm in Beziehungen zu anderen Menschen nicht in erster Linie um Sexualität. Menschen vor allem aufgrund ihrer sexuellen Orientierung zu bewerten, sei entwürdigend.

In letzter Zeit macht sich Peter Brun allerdings vermehrt Gedanken, ob er auch in Zukunft allein bleiben will. »Der Job ist zwar erfüllend, aber er wärmt mich nicht im Alter«, lächelt er. Und falls die Arbeit wegen einer möglichen Frühpensionierung wegfallen würde, ja, was dann? Für einmal fehlen dem wortgewandten Kommunikationsexperten die Worte. Aber nicht für lange. »Zum Glück habe ich enorm viele Interessen, die mich jung halten.« Das Thema Jugend ist bei Peter Brun omnipräsent. Er ist sichtlich stolz darauf, jünger auszusehen, als er ist, und bezeichnet sich selbst als sehr eitel. »Ich finde, dass ich heute besser aussehe als mit 28.« Natürlich tue er etwas für die Figur: »Sport und Ernährung. Kohlenhydrate gibt es bei mir am Abend nur selten, dafür viel Gemüse, mageres Fleisch und Salat.« Ein Kostverächter sei er aber nicht, betont er. Für ihn sei es einfach wichtig, seine Linie zu halten. »Vor elf Jahren war ich für mein Gefühl moppelig. Ich habe mich im Spiegel angeschaut und gedacht: Da muss etwas gehen.« Danach seien regelmäßige Fitnesstrainings und eine Umstellung der Ernährung angesagt gewesen, und der morgendliche Gang auf die Waage sei zum Ritual geworden. »Schließlich will ich gepflegt und fit sein.«

Und doch gibt es etwas an seinem Äußeren, das ihn zunehmend nerve, nämlich sein sich lichtendes Haar. »Vor drei bis vier Jahren wurde es ganz schlimm. Einmal eine Glatze zu haben, davor graut mir.« Nicht, weil ihm eine Glatze per se nicht gefallen würde, sondern weil sie ihm nicht stünde. »Ich hätte dann einen Eierkopf«, meint er selbstkritisch. Eine Haartransplantation käme trotzdem nie infrage. Warum sind für ihn Haare denn so wichtig? »Volles Haar ist ein Zeichen von Jugendlichkeit, man strahlt damit Kraft und Stärke aus.« Und wenn es trotzdem zu einer Glatze käme? »Dann sehe ich hoffentlich immer noch hammermäßig aus«, sagt er und lacht.

Ist es für ihn kein Problem, dass der fünfzigste Geburtstag näher rückt? »Nein«, betont er im Brustton der Überzeugung. Er betont das mit einer solchen Verve, dass ich schmunzeln muss. Und ich erinnere mich an den jungen Kollegen, dem es vor jedem Fernsehauftritt so wichtig war, dass der Ton des blauen Hemdes perfekt zu seinen Augen passte. Und Peter doppelt noch nach: »Je älter ich werde, desto attraktiver fühle ich mich.« Dieses Gefühl gäben ihm auch seine zwei Töchter, »die ich zum Glück jung gehabt habe. Sie sind stolz auf ihren modernen und coolen Daddy.« Vor allem bei Besuchstagen in der Schule spüre er das. »Da gibt es viele Väter, die sich gehen gelassen haben. Das käme für mich nicht infrage.« Genauso wenig, wie er Hemden mit kurzen Ärmeln tragen würde. »Das sieht einfach schrecklich aus«, findet er. Und wie würde er seinen Kleidungsstil bezeichnen? Brun muss nicht lang überlegen: »Klassisch-sportlich.«

Blick zurück in die 1990er-Jahre und auf die gemeinsame Fernsehzeit. Peters Eitelkeit war schon damals spürbar. Im Gegensatz zu vielen Kollegen war ihm sein Outfit immer wichtig, und seine blonden Wimpern ließ er sich von der Maskenbildnerin dunkel färben. Ein Hauch von Selbstironie wird spürbar, wenn er sagt: »Das betont meine eisblauen Augen.« Die Wimpern färbt er sich immer noch. »Sonst sehe ich irgendwie krank aus.« Selbstverständlich sind im Koffer für Dubai auch zwei Tuben Wimpernfarbe dabei.

Hat seine Eitelkeit etwas mit seinem Outing zu tun? Peter wiegelt ab. »Natürlich ist es in der sogenannten Szene wichtig, wie man aussieht, auch figurtechnisch. Aber erstens verkehre ich nicht in dieser Szene, und zweitens hat mir meine Mutter erzählt, dass ich schon als Kind mehr vor dem Spiegel gestanden sei als meine Geschwister. Und auch beim Aussuchen meiner Kleider sei ich schon damals sehr wählerisch gewesen.«

Ich habe das Gefühl, dass Peter dem Thema Älterwerden geschickt ausweicht. Und irgendwie ist dieses Verhalten auch verständlich. Schließlich ist er ein Mann in den besten Jahren und im Gegensatz zu manchen gleichaltrigen Frauen »noch sehr gefragt«. Doch im Verlauf des Gesprächs streifen wir das Thema Älterwerden zwangsläufig immer wieder. »Es kann gut sein, dass ich in eine zweite Midlife-Crisis hineinrutsche«, sagt er zögernd. Er spüre das beispielsweise, wenn es um seine Gesundheit gehe. Bei jedem Zipperlein denke er sofort: »Was ist das? Etwas Schlimmes? Und welche Auswirkungen könnte es für mein Leben haben?« Er schaue dann im Internet nach. Und ja, klar, er wisse, dass ihn das »zum Hypochonder« mache. Bruns Übervorsichtigkeit, was seine Gesundheit betrifft, hat allerdings eine dramatische Vorgeschichte. 2009 platzte bei ihm der Blinddarm, und in der Folge verblutete er fast auf dem Operationstisch. »Mein Leben stand damals auf Messers Schneide.«

Dieses Erlebnis habe ihn schon geprägt, und damit kämen manchmal auch Gedanken wie: »Was ist, wenn ich in zehn Jahren noch Single bin und allein zu Hause einen Herzinfarkt habe?« Aber auch hier relativiert er schnell: »Es wäre natürlich egoistisch, nur aus Sicherheitsgründen einen Partner zu suchen.« Und schließlich sei er »ein Fighter«. Das sei schon immer so gewesen.

Peter war ein Siebenmonatskind, ein Frühchen, das sich den Weg ins Leben erkämpfen musste. »Ich weiß nicht, wie stark mich dieser Umstand geprägt hat, aber irgendwie habe ich das Gefühl, dass meine zu frühe Geburt meine Widerstandsfähigkeit gefördert hat.« Und auch, dass er immer seinen eigenen Weg gegangen sei, egal, was die Leute gesagt hätten. »Ich habe den Eindruck, dass sich dies mit zunehmendem Alter noch verstärkt hat.«

Trotz seines Einzelkämpfertums: Man spürt, dass der Wunsch nach einer festen Beziehung mit der Zeit doch ein Thema werden könnte. »Es wäre schon schön, vieles im Leben teilen zu können«, sagt Brun nachdenklich. »Aber auf gewisse Freiheiten möchte ich nie verzichten.«

Doch jetzt steht zuerst Dubai an. Das große Abenteuer kann beginnen.

Wo die Liebe hinfällt

Als junge Frau hatte ich viele Verehrer in mittlerem Alter. Warum das so war, weiß ich nicht. Ich kann mir nur vorstellen, dass den reifen Männern meine etwas naive, mädchenhafte Art und mein Rauschgoldengel-artiges Äußeres gefiel. Vielleicht, weil sie sich mir überlegen glaubten. Ich allerdings hatte, was meine Wirkung auf das männliche Geschlecht betraf, eine ziemlich lange Leitung: Ich war mir meiner Ausstrahlung überhaupt nicht bewusst. Eine Folge meines nicht allzu großen Selbstbewusstseins, aber auch meiner Erziehung. Von meinen geliebten Eltern, die altersmäßig meine Großeltern hätten sein können, war ich äußerst konservativ erzogen worden, vor allem, was die Sexualität betraf. Die gehörte für sie in den Rahmen einer Ehe. Und diese Werte stellte ich lange nicht infrage. Bis ich mich mit 25 Jahren in einen 48-jährigen verheirateten Mann verliebte. Zwar lebte G. schon längere Zeit getrennt von seiner Frau, faktisch war er aber immer noch gebunden.

Für mich begann damit ein Ablösungsprozess von meinem katholischen Elternhaus, denn eine solche Beziehung war für sie natürlich nicht akzeptabel. Für meine Eltern war diese Liebe eine Katastrophe. Sie hatten sich für mich eine gute

Partie gewünscht. Solvente Verehrer gab es zuhauf, aber ich hatte mich statt für einen aufstrebenden Doktoranden für G. entschieden, den ich bei meiner Arbeit als Radioredaktorin kennen gelernt hatte. Und obwohl ich spürte, dass ich G. gefiel, war ich es, die den ersten Schritt machte und ihm meine Zuneigung gestand. Zum ersten Mal kämpfte ich um einen Mann. G. war, obwohl ebenfalls in mich verliebt, zögerlich. Später sagte er zu mir: »Ich hatte immer Angst, dass du mich eines Tages verlässt.« G. sollte recht behalten. Aber zwischen dem Anfang und dem Ende dieser Liebesbeziehung lagen sechs schöne, wenn auch schwierige Jahre. Die Liebe zwischen uns war tief, und G. ließ sich für mich sogar scheiden.

Warum ich diese Geschichte erzähle? Weil ich daran denken musste, als mir die Männer aus diesem Buch ihre Liebesgeschichten erzählten. Viele der Porträtierten haben jüngere Frauen, und es war spannend für mich, zu hören, wie sie diesen Altersunterschied erleben. Keiner von ihnen hat eine Beziehung mit einer derart großen Altersdifferenz wie zwischen mir und G. Trotzdem kann ich nur allzu gut eine gewisse Besorgnis der Männer verstehen, wie ihre Partnerinnen wohl in zehn oder zwanzig Jahren zu ihnen stehen werden. Wie gern hätten wir alle vollkommene Sicherheit.

Gern hätte ich auch meinen damaligen Partner gefragt, wie er rückblickend über die gemeinsamen Jahre denkt. Leider ist G. nicht aufzufinden, und ich habe keine Ahnung, ob er noch lebt. Inzwischen wäre er an die achtzig Jahre alt. Falls es ihm gesundheitlich gut geht, bin ich mir aber sicher, dass er sein Leben noch immer in vollen Zügen genießt. War er doch immer der Lebenslustigere von uns beiden. Auch mit seinen zwanzig Jahren Vorsprung war G. innerlich viel jünger und unkonventioneller als ich, die Tochter aus »gutem Hause«. Er war ein Freigeist, und gesellschaftliche Konventionen waren ihm egal.

Im Gegensatz zu mir war mein Geliebter sehr sportlich und durchtrainiert. Mit Mitte fünfzig unternahm er lange Segeltörns (ohne mich), fuhr Autorennen (ohne mich) und reiste am liebsten im eigenen Camper durch die Welt (teilweise mit mir). Manchmal war mir das zu viel der Abenteuer, aber G. motivierte mich kontinuierlich, meine Komfortzone zu erweitern. »Du bereust nur, was du nicht getan hast«, sagte er jeweils, um mich zu einer weiteren anstrengenden Bergwanderung oder zu ungemütlichem wildem Campen zu überreden.

Natürlich gab es auch Probleme in unserer Beziehung, aber sehr selten wegen des Altersunterschieds. Heute würde ich sagen, ich war zu brav und angepasst, auch zu ängstlich für G. Aber letztlich half mir diese Beziehung, Selbstbewusstsein und Mut zu entwickeln. Und natürlich auch, meine Erotik zu entdecken. Für das bin ich meinem »alten« Freund bis heute dankbar.

Wenn mir zu Ohren kommt, wie über Paare mit einem großen Altersunterschied gehechelt wird, vertrete ich immer die Meinung, dass man nicht jedem Klischee glauben soll. Natürlich gibt es den reifen Mann mit der jungen Trophäen-Freundin und die ältere Frau mit dem Toyboy. Aber viele Paare mit einem großen Altersunterschied verbindet eine genauso innige Liebe wie gleichaltrige Paare.

Was ich sonst noch aus der Beziehung mit G. gelernt habe? Dass ich in meinem Leben nie mehr mit stolzgeschwellter Brust sage: »Das passiert mir nie.« Vieles ist mir nämlich passiert, was ich früher mit einer gewissen Engstirnigkeit und Naivität von mir gewiesen hätte. Unter anderem führte ich Jahre später eine mehrjährige Beziehung mit einem sechzehn Jahre jüngeren Mann; eine Zeit, die ich ebenfalls nicht missen möchte. Aber hätte mir früher jemand gesagt, dass ich mich mit reifen 44 Jahren Hals über Kopf in einen 29-jährigen Mann verlieben würde, hätte ich lauthals gelacht. Das passierte vielleicht Demi Moore oder Madonna, aber sicher nicht mir. Und dann geschah es einfach, und es stellte mein Leben auf den Kopf, genau wie zwanzig Jahre früher mit G.

Wieder musste ich mich mit Vorurteilen auseinandersetzen, zum Beispiel, dass eine solche Beziehung sowieso keine Chance habe. Und ja, sie hielt keine Ewigkeit, sie war aber für meine Entwicklung sehr wichtig. Sinnigerweise sagte mein junger Freund genau das Gleiche wie mcin älterer Partner damals: »Du bereust nie, was du getan hast, sondern nur das, was du nicht gemacht hast.«

In diesem Sinne bin ich gespannt, welche Erlebnisse, mit denen ich heute nie rechnen würde, noch auf mich warten.

»Ich konnte leichten Herzens loslassen«

Der Schaffer: Thomas Donatsch, 68, Winzer und Wirt

»Manchmal setze ich mich in der Stube an den Flügel, und dann ›tschäderets‹ einfach zwei, drei Stunden lang«, sagt Thomas Donatsch auf die Frage, wie er sich am besten entspannen könne. »Aber eigentlich«, relativiert er, »entspannen muss ich mich gar nicht, weil mein Leben so erfüllt ist.«

Seit der Winzer, der neben Klavier auch Saxofon spielt, in den letzten fünfzehn Jahren den Familienbetrieb Schritt für Schritt seinem Sohn Martin übergeben hat, habe sich seine Lebensqualität noch einmal gesteigert. »Ich wirte zusammen mit meiner Frau Heidi in der Winzerstube Ochsen. Daneben pflege ich Kontakte zu Freunden und Kollegen. Und auch Musizieren und Reisen kommt nicht zu kurz. Meine Devise lautet: Jetzt alles genießen, was ich mir in den letzten vierzig Jahren aufgebaut habe«, sagt Thomas Donatsch mit leisem Stolz in der Stimme.

Das Weingut und der »Ochsen« in Malans sind seit 120 Jahren und in der fünften Generation im Besitz der Familie Donatsch. »Unsere Philosophie ist es, ehrliche Weine zu produzieren«, fasst der 68-Jährige zusammen. Die hervorragenden, kalkhaltigen Böden und das warme Klima in Malans helfen natürlich dabei. Das Weingut Donatsch umfasst sechs Hektaren Reben. Die Pflege erfolgt möglichst naturnah. »Wir haben unsere Böden schon seit drei Generationen begrünt, düngen rein biologisch und halten beim Pflanzenschutz die strengen Richtlinien für den ökologischen Leistungsnachweis ein. Es liegt uns sehr daran, die Rebberge so zu pflegen, dass sie auch für die nächsten Generationen gesund bleiben und gute Qualität hervorbringen«, sagt Thomas Donatsch. Die Hauptsorten im Weingut Donatsch sind Pinot noir, Pinot blanc, Completer und Chardonnay.

Das Haus Donatsch verfügt über kein professionelles Marketing, sondern setzt auf den persönlichen Kontakt mit den Kunden. 75 Prozent der Weinproduktion gehen in die Spitzengastronomie. Bekannte Köche wie zum Beispiel Andreas Caminada kommen persönlich nach Malans, um ihren Wein abzuholen; geliefert wird nämlich nicht. Ebenso kommen viele private Kunden nach Malans, um ihren Weineinkauf mit einem Besuch im hauseigenen Gasthof zu verbinden.

Die Kontaktpflege zu Kunden, Kollegen und Freunden ist für Thomas Donatsch sehr wichtig. Trotz seiner offenen und herzlichen Art: »Everybody's Darling« will er nicht sein. Dazu passt, dass er im »Ochsen« »nur für Freunde« kocht. Was steht auf der Speisekarte? Er lacht: »Wir sind ein kleines Team und bieten nur eine einfache Küche an. Bei uns macht jeder alles. Wir legen aber Wert auf beste regionale Produkte. So isst man bei uns eine währschafte Gerstensuppe, eine Bündnerplatte mit luftgetrockneten Fleischspezialitäten und würzigem Käse.«

Thomas Donatsch ist bescheiden. Das zeigt sich auch, als es darum geht, in der Zürcher Hotellobby, in der wir uns treffen, etwas zu trinken zu bestellen. »Ich trinke, was Sie trinken.« Erst als ich ihn darüber aufkläre, dass ich keinen Wein trinke, da ich an einer Sulfitallergie leide, bestellt er ein Glas Pinot. Dass ihm der servierte Weißwein dann nicht schmeckt, wird er erst am Ende unseres Gesprächs gestehen.

Dabei hätte Thomas Donatsch jegliche Berechtigung, einen Wein zu beurteilen, gilt er doch als einer der erfahrensten und erfolgreichsten Schweizer Winzer. Seit den frühen 1970er-Jahren hat er im Schweizer Weinbau Pionierarbeit geleistet. Inspiriert von den Weinen aus dem Burgund, pflanzte er bereits 1975 Chardonnay und Weißburgunder, was damals gesetzlich noch gar nicht erlaubt war. 1983 brachte er die ersten Cabernet-Sauvignon-Stöcke aus dem Bordelais nach Malans. Er war der Erste, der einen Crémant nach der Champagnermethode kelterte. Bezüglich der Kelterungsmethoden war Thomas Donatsch, der privat gern auch französische Weine trinkt, auch der Erste, der in der Schweiz mit Barriques experimentierte. Und der weltoffene Winzer besuchte schon früh berühmte Weingüter auf der ganzen Welt und freundete sich mit den Großen in der Weinbranche an. Diese guten Kontakte pflegt er bis heute.

Dass er Winzer werden wollte, wusste der gebürtige Malanser schon früh. Allerdings, ganz so einfach war ihm die Entscheidung nicht gefallen. Er habe ein ausgezeichnetes Musikgehör, und auch die Malerei fasziniere ihn. »Diese Vielseitigkeit war einerseits sehr schön, aber ich war oft hin und her gerissen, welchen Weg ich einschlagen sollte.« Er liebt die Musik von Elvis und von den Beatles und spielt an die hundert Lieder dieser Künstler selbst. Doch genauso liebt er Klassik und Jazz und ist auch offen für Modernes. DJ Antoine ist ein guter Freund der Familie. »Er war sogar Pate unseres Chardonnay ›Unique‹.«

»Musik ist auch der wesentliche Grund, weshalb ich in der Schweiz geblieben bin. Wir hatten eine ziemlich gute Band, The Strangers, wir durften sogar einmal als Vorgruppe der damals noch nicht so bekannten Rolling Stones auftreten. Aber wenn ich mir überlege, wie die heute aussehen, bin ich froh, dass ich mich für den Winzerberuf entschieden habe«, scherzt er. »Ich hätte auch einen tollen Job in den USA im Bereich Wein übernehmen können, aber ich wollte lieber einen kleinen Betrieb führen und meinen Hobbys nachgehen.«

Es siegte also die Liebe zum Wein. Doch bevor sich der kreative Winzer Ende der 1970er-Jahre voll dem Weinbau widmen konnte, musste er seinen Vater dafür gewinnen. Dieser wollte, dass sein Sohn den elterlichen Bauernhof übernahm. Thomas konnte ihn aber mit seinem Plan überzeugen, den Familienbetrieb allmählich ganz auf Weinbau umzustellen.

Apropos Vater und Sohn. Ist es dem Weinliebhaber nicht schwergefallen, seinem Sohn Martin die Weinberge zu übergeben? »Nein, überhaupt nicht«, sagt Thomas Donatsch. »Martin und ich sind uns sehr nah, haben die gleichen Interessen und bezüglich unserer Arbeit eine nahezu identische Einstellung.« So trifft also die Erfahrung des Vaters auf den Willen zur Innovation des Sohns. Eine Win-win-Situation. Sicher habe ihm bei der Ablösung geholfen, dass der Betrieb in Familienhänden geblieben sei. »Aber ich habe meine Kinder nie zu etwas gedrängt«, betont Thomas Donatsch. »Mein Sohn Christoph hat einen ganz anderen Weg gewählt. Er ist Lehrer geworden. Und das macht er mit Leib und Seele.«

Er habe stets versucht, seinen Kindern ein gutes Vorbild zu sein. »Natürlich mussten meine Frau und ich viel arbeiten.« Sie ist für das Geschäftliche des Betriebes verantwortlich. »Finanzen sind nicht so meine Stärke. Aber die Kinder haben nie negativen Stress gespürt, sondern vor allem die Freude, die wir an unserer Arbeit hatten.«

Der 38-jährige Martin Donatsch hat seinen Vater an diesem Abend nach Zürich begleitet, will aber während des Interviews ein bisschen in der Stadt bummeln gehen. Selbstverständlich wird er den Vater nach dem Interview wieder abholen. Zusammen mit einem Freund wollen sie nachher bei einem befreundeten Zürcher Wirt essen gehen. Und für einmal bringt Thomas Donatsch diesem Kunden sogar seinen Wein mit.

Schnell wird spürbar, wie gut das Verhältnis von Vater und Sohn ist. Der Umgang ist zurückhaltend, aber herzlich. Eigentlich könnte es Martin Donatsch heute dank der Vorarbeit seines Vaters ruhiger angehen. Doch er schüttelt den Kopf. »Ich bin wie mein Vater. Er hat die große Revolution gemacht, aber auch schon mein Großvater war innovativ; er war einer der Ersten, die mit einem Traktor gearbeitet haben. In vielen Betrieben steht die neue Generation im Schatten und die alte in der Sonne. Das ist bei uns nicht der Fall. Das, was mein Vater gemacht hat, respektiere ich und habe es nie infrage gestellt.« Kurz, der Generationswechsel im Hause Donatsch verläuft vorbildlich.

Donatsch junior wurde gut auf die Übernahme vorbereitet. Er arbeitete bereits als Teenager im elterlichen Weinbau mit und absolvierte nach der Ausbildung verschiedene Stages auf Weingütern in Tasmanien, Südafrika, Spanien und Frankreich. Martin Donatsch ist überzeugt, dass die Bündner Herrschaft zu den besten Pinot-Regionen der Welt gehört und dass dieses Potenzial noch nicht ausgeschöpft ist. »Das Ausland hat meinem Sohn gutgetan«, sagt Thomas Donatsch, »aber er hat es mit seiner weltoffenen und unkomplizierten Art auch einfach, gute Kontakte herzustellen.«

Wie der Vater, so der Sohn. Trotzdem kann ich nicht ganz glauben, dass man etwas ohne Wehmut loslassen kann, was einen ein halbes Leben lang mit Leib und Seele beschäftigt hat. Doch der Winzer widerspricht: »Es war eine ganz natürliche Entwicklung. Ich weiß, dass der Betrieb in besten Händen ist, das macht mich glücklich.« Sowieso findet er, dass es die Jungen besser machen als die Alten. »Die Jungen staunen, sind neugierig und fragen. Sie sind nicht so Ich-bezogen wie meine Generation, die oft neidisch ist und gut im Abkupfern.« Hat er denn selbst viel Neid erfahren? »Ja, leider«, sagt der Winzer, der von seinen Kollegen als »lebendes Weinlexikon« bezeichnet wird, nach kurzem Zögern, »aber ich mache mir darüber keinen Kopf.«

Wie sieht ein Tag im Leben von Thomas Donatsch aus? »Ich kann machen, was mich gerade freut«, sagt er lächelnd. »Ich bin in meinem Leben so viel gereist, kenne die schönsten Weingüter auf der ganzen Welt und bin international vernetzt, jetzt genieße ich mein Zuhause.« Und natürlich greift er auch dem Sohn mal unter die Arme. »Aber nur, wenn Not am Mann ist«, betont er.

Doch bei aller Harmonie: Auch die Familie Donatsch kennt schwere Zeiten. »Die letzten fünf Monate lebten wir in einem Ausnahmezustand«, sagt Thomas Donatsch nachdenklich. »Meine Frau Heidi erkrankte an Krebs. Sie musste eine Chemotherapie und Bestrahlungen über sich ergehen lassen. In dieser Zeit hat mir mein Optimismus, mein Glaube ans Gute geholfen.« Heute geht es der 61-jährigen Heidi Donatsch wieder besser. »Heidi ist auf einem guten Weg«, sagt ihr Mann, und ich spüre, wie sehr ihn die Situation belastet. »Man muss alles positiv betrachten«, fügt er an. »Es geht immer wieder eine Tür auf. So bekamen unser Sohn Christoph und seine Frau Claudine in dieser Zeit unsere erste Enkelin, Selina.« Man merkt, es ist nicht einfach für ihn, über Persönliches zu sprechen. Er gehört zu einer Generation von Männern, die es gewohnt sind, Ängste und Sorgen mit sich selbst auszumachen, und ich freue mich über sein Vertrauen.

Wie geht er mit dem eigenen Älterwerden um? »Vieles in meinem Leben ist immer besser geworden. Heute habe ich mehr Lebenserfahrung, mehr Ruhe und Zeit. Und ich mache einfach, was ich will«, meint er spitzbübisch. Seit fünfzehn Jahren leben die Donatschs bereits in ihrer Alterswohnung. »Mir ist nie langweilig, ich könnte 200 Dinge aufzählen, die ich neben dem Wirten gern mache. Ich bin einfach neugierig geblieben.« Natürlich sei er nicht mehr so schnell, flexibel und kräftig wie früher. Aber das störe ihn nicht. »Auch das ist eine ganz natürliche Entwicklung.« Sowieso ist Thomas Donatsch ein Mensch, der lieber in die Zukunft schaut, als der Vergangenheit nachzuhängen.

Es ist Zeit fürs Abendessen. Sohn Martin ist da, um den Vater abzuholen. Dessen Glas ist noch halb voll. »Den trinke ich nicht aus, zu viel Zucker, zu wenig natürliche Säure. Falsche Wahl«, meint er lachend. »Ich habe nicht aufs Etikett geachtet.« Qualität ist das Zauberwort für Thomas Donatsch. Egal, ob es um Wein, Essen, Musik oder Reisen geht. »Das Leben ist zu kurz für schlechten Wein!«

»Meine Neugierde auf die Menschen wird nie aufhören«

Der Ambivalente: Roberto Zimmermann, 50, Journalist

Roberto Zimmermann spricht nicht lange um den heißen Brei herum. »Seit zwei Jahren setze ich mich konkret mit dem Älterwerden auseinander. Ich habe mir immer gesagt: Ich will beruflich etwas Grundlegendes verändern, bevor ich fünfzig bin.« »Robi«, wie ich ihn nenne, hat mir während der letzten zwei Jahre immer wieder Einblicke in sein Seelenleben gegeben; was er sich wünscht, wo er zweifelt. In vielen Gesprächen spürte ich: Da ist ein Mann auf der Suche nach neuen Möglichkeiten und einer weiteren persönlichen Entwicklung. Ein Mann, der nicht stehen bleiben will, obwohl, von außen gesehen, vieles in seinem Leben stimmt. Er hat einen interessanten Job in der Medienbranche, einen langjährigen, festen Partner, ist gesund, attraktiv und hat einen großen Freundeskreis.

Doch die Zukunft macht ihm ein bisschen Sorgen, und vor allem diese Fragen beschäftigen ihn: Wie werden sich die Printmedien entwickeln? Ist er bald zu alt für seinen Job als Lifestyle-Journalist? Wird er noch lange die Energie und die Kraft haben, seinen Job auszufüllen?

Vor ein paar Monaten entschloss sich Roberto Zimmermann, Nägel mit Köpfen zu machen. Er wechselte vom Print- in den Online-Bereich der Zeitung, für die er arbeitet. »Ich musste vieles neu lernen, aber der neue Job kommt mir sehr entgegen. Ich bin immer am Puls der Zeit, muss jederzeit schnell reagieren und halte die Fäden der ganzen Produktion in der Hand.« Man merkt, der Fünfzigjährige ist stolz, dass er die Chance gepackt hat. »Dieser Schritt war nötig, sonst wäre ich in einer Sackgasse gelandet«, ist er überzeugt. Aber Robi wäre nicht Robi, wenn er sich nicht doch leise Zweifel gestattete: »Ich hoffe, dass mich diese Schnelligkeit nicht eines Tages überfordern wird.«

Rein körperlich sei er in guter Verfassung, abgesehen von den üblichen kleinen Gebresten. Aber er tue definitiv zu wenig für seine Gesundheit: »Ich habe zu wenig Bewegung, arbeite zu viel und rauche.« Wie er seine Gesundheit stärken könne, beschäftige ihn. »Denn der heutige Druck, fit und leistungsfähig zu sein, ist enorm.«

Ich kenne Robi schon seit 25 Jahren und habe seine Entwicklung vom jungen Berufsanfänger bis zum erfolgreichen Journalisten miterlebt. »Heute habe ich das Gefühl, dass ich in meinem Leben angekommen bin«, meint er nachdenklich. Kein Problem mit der großen Fünf? »Meine erste tiefe Krise hatte ich bereits mit 35, als meine erste große Liebe zerbrach. Ich dachte damals, das ist der Mann meines Lebens.«

Es folgten unsichere Jahre. Roberto Zimmermann schlug sich als freier Journalist durchs Leben, Existenzängste plagten ihn. Er ging eine neue Beziehung ein, von der er keine Ahnung hatte, welche Richtung sie nehmen würde. Um die vierzig herum habe er viele Illusionen begraben, vor allem, was die Karriere betraf. »Meine Träume, ein Drehbuch zu schreiben, einen Bestseller zu landen oder als Reporter große Geschichten zu schreiben, schienen in weite Ferne gerückt zu sein.« Wenn er so etwas wie eine Midlife-Crisis gehabt habe, dann mit vierzig.

»Wenn ich vergleiche, wie ich mich heute fühle, kann ich nur sagen: Es könnte nicht besser sein.« Und er ist überzeugt: »Ich habe viel Potenzial, das ich noch nicht ausgeschöpft habe.« Was hindert ihn daran, gerade das zu tun? »Abgesehen von den unsicheren Jahren hatte ich einfach viel Glück im Leben. Ich musste mich nie über die Maßen anstrengen oder mich auf die Hinterbeine stellen; vieles fiel mir einfach zu. Doch manchmal habe ich die Befürchtung, dass dieses Glück ein Ende haben könnte.« Aus vielem, was Robi erzählt, hört man eine gewisse Ambivalenz heraus. Es scheint mir, als könne er seinen Erfolg gar nicht richtig genießen. Es sind keine klassischen Selbstzweifel, die ihn plagen, aber es ist spürbar, dass er gewohnt ist, sich zu hinterfragen. Obwohl er fünfzig ist, wirkt er manchmal wie ein kleiner Junge, den man in den Arm nehmen und beschützen möchte.

Mein Gefühl trügt nicht. Robi erzählt, dass er als Kind und Jugendlicher ein Einzelgänger gewesen sei. »Ich hatte mir meine eigene Welt geschaffen und musste mich manchmal richtig zwingen, nach draußen zu gehen.« Aber er habe gemerkt, dass es ihm gutgetan habe, wenn er jeweils über seinen Schatten gesprungen sei. Nach dem Gymnasium und während der Studienzeit gründete er eine Zeitung, spielte Theater und spürte, wie ihn diese Aktivitäten »stabilisierten«. Roberto Zimmermann musste sich sein Selbstbewusstsein Stück für Stück erarbeiten. Und auch heute kostet ihn das eine oder andere in seinem Leben immer noch Überwindung.

»Als Journalist musste ich viel reisen. Das fiel mir nicht immer leicht. Es wurde mir oft übel, und ich litt unter Heimweh.« Wurde dies mit zunehmendem Alter nicht einfacher? Robi lacht: »Im Gegenteil. Aber ich habe gelernt, damit umzugehen.« Wie macht er das? »Ich gehe das Ganze pragmatisch und nüchtern an. Auf langen Flügen komme ich oft in einen Zen-Zustand. Und ich rede mir gut zu. Der erwachsene Robi spricht dann mit dem unsicheren Kind und beruhigt es. Denn meine Ängste zu überwinden, war für mich immer wichtig.«

Was Roberto Zimmermann ebenfalls »Boden« gibt, ist die langjährige Beziehung zu seinem Freund. »Für mich sind stabile Beziehungen sehr wichtig«, sagt er, »vor allem, weil ich ja in keiner klassischen Familiensituation lebe.« Aber ist es nicht so, dass homosexuelle Männer ein enges Netzwerk haben? »Ich habe die Erfahrung gemacht, dass Freundschaften mit Schwulen weniger zuverlässig sind als solche mit Heteros. Einige meiner schwulen Freunde sind über die ganze Welt verstreut, es braucht mehr Aufwand, diese Freundschaften zu pflegen. Und die Tatsache, dass wir schwul sind, reicht nicht für eine starke Verbindung.«

Steht er als homosexueller Mann stärker unter Druck, attraktiv zu bleiben? Robi schüttelt den Kopf: »Das war vielleicht früher so. Heute unterliegen die ›Hetis‹ dem gleichen Jugendwahn wie wir. Ausgleichende Gerechtigkeit«, sagt er. Trotzdem habe ich das Gefühl, dass es schwulen Männern schwerer fällt, zu akzeptieren, dass sie älter werden. Ein Vorurteil? »Nein«, sagt er, »das ist schon so. Die Einsamkeit ist bei vielen älteren Schwulen ein Thema. Oft sind sie in keinem Familienverband, oder sie finden keinen Partner mehr. Ich kenne viele schwule Männer über fünfzig, die daran verzweifelt sind.«

Was ihm persönlich beim Älterwerden helfe, sei die Art und Weise, wie seine Eltern damit umgehen. »Ich erkenne mich in ihnen wieder. Sie sind ruhiger und gelassener geworden. Und genau das strebe ich auch an.«

Was wünscht er sich für die Zukunft? »Ich wünsche mir weniger beruflichen Druck und mehr Zeit für mich. Andererseits aber habe ich das Gefühl, dass ich bis zum Schluss meines Lebens arbeiten werde. Denn meine Neugierde auf die Menschen wird nie verschwinden.« Und da ist ja noch sein großer Wunsch, ein Buch zu schreiben. »Seit zwanzig Jahren trage ich es in meinem Kopf herum, ich habe fast alles Material zusammen.« Ich zweifle nicht, dass Roberto Zimmermann sich auch diesen Wunsch noch erfüllen wird.

Wiedersehen mit der Vergangenheit

Wie begrüßt man sich, wenn man sich dreißig Jahre nicht gesehen hat? Ich lächelte ein bisschen dümmlich in die große Runde, die sich zum Klassentreffen zusammengefunden hatte. Allerdings überkam mich nach dem Öffnen der Tür zum »Säli« des Landgasthofes das Gefühl, auf der falschen Veranstaltung gelandet zu sein. Gefühlte hundert Augenpaare schienen auf mich gerichtet, die dazugehörenden Gesichter waren mir jedoch fremd. Wie oft, wenn ich im Zentrum der Aufmerksamkeit stehe, schoss mir vor Verlegenheit das Blut in die Wangen.

Ich war nahe dran, »Sorry, falsche Adresse« zu murmeln und den Rückzug anzutreten, aber da hatte ich die Rechnung ohne den hochgewachsenen Mann gemacht, der auf mich zugestürzt kam. »Hallo Silvia«, sagte er herzlich und streckte mir die Hand entgegen. »Du hast dich ja überhaupt nicht verändert.« – »Du aber auch nicht«, stotterte ich ohne einen Schimmer von Ahnung, wer der Unbekannte war. Dieser nahm mir meinen Mantel ab und führte mich an einen langen, gedeckten Tisch, dem man ansah, dass hier schon ausführlich gegessen und getrunken worden war. Die Servietten lagen zerknüllt da, die Rotweingläser waren halb voll.

Ein Platz war noch leer. Ich setzte mich und spähte nach rechts und links: Die Stimmung war sichtlich gelöst, es wurde gescherzt und getrunken. Nachdem ich mich gesetzt hatte, applaudierten einige alte Klassenkameraden demonstrativ, während mir andere zuwinkten. Ich winkte lächelnd zurück, huldvoll wie die Queen. Was hätte ich sonst tun sollen?

Ein älterer Herr mit leicht geröteten Wangen erhob sich mit dem Glas in der Hand und prostete mir zu: »Auf Silvia, die schon früher immer zu spät kam.« Auweia! Diesen Redner erkannte ich sofort. Es war mein ehemaliger Klassenlehrer, Herr A., der damals, neben seiner schulischen Tätigkeit, als hohes Tier im Militär amtete. »Streng, aber gerecht«, war sein Motto gewesen. Ich bekam meistens die Strenge zu spüren, vor allem eben wegen meiner Trödelei. Ich fühlte mich unbehaglich. Aber hallo! Ich war keine dreizehn mehr, sondern eine gestandene Journalistin, und Herr A. war schon lange nicht mehr mein Lehrer.

Trotzdem wollte ich mich rechtfertigen und erklären, warum ich mich an diesem Abend ganz unverschuldet verspätet hatte – ich hatte Spätschicht auf der Redaktion gehabt. Aber Herr A. hatte sich bereits wieder gesetzt, und meine ehemaligen Schulkameraden waren erneut in lebhafte Gespräche vertieft.

Nur der gut aussehende Mann, der mich begrüßt hatte, war die ganze Zeit neben mir stehen geblieben und fragte nun: »Möchtest du ein Glas Wein? Fürs Essen ist es wohl zu spät.« Dabei grinste er mich an, und plötzlich fiel es mir wie Schuppen von den Augen. Das war doch Walter! Walter, der Nachbarsbub, mit dem ich aufgewachsen war und den Großteil meiner Freizeit verbracht und auch die Schulbank gedrückt hatte.

Sein schiefes Lächeln war das gleiche wie vor vierzig Jahren. Mein Herz machte einen Freudensprung. Ein Wiedersehen nach so langer Zeit!

Walter nahm einen Stuhl, klemmte sich neben mich an den Tisch, und nach wenigen Minuten war die alte Vertrautheit wieder da. Nach Jahrzehnten, in denen wir uns nicht mehr gesehen hatten, saß hier ein Mann mittleren Alters – aber irgendwie sah ich immer noch den kleinen, frechen Walter vor mir, mit dem ich die Nachbarschaft unsicher gemacht hatte.

Er hatte sich gut gehalten; schlank, das Haar immer noch braun und dicht. Nur eine Brille hatte er damals noch nicht getragen. Beide drückten wir unser Bedauern aus, dass wir uns aus den Augen verloren hatten. Wir wurden allerdings erneut von Herrn A. unterbrochen, der im gleichen militärischen Ton wie früher sagte: »Nachdem jetzt auch Silvia zu uns gestoßen ist, soll sie doch bitte die Vorstellungsrunde eröffnen.«

Ich erzählte einige Stationen aus meinem Leben – die Zusammenfassung dauerte keine drei Minuten –, in der Hoffnung, dass sich meine Schulkameraden ein Beispiel an meinem flotten Tempo nehmen würden. Doch zu früh gefreut, die Erzählungen wollten kein Ende nehmen.

Während die Frauen, die in unserer Klasse klar in der Minderzahl gewesen waren, vor allem über ihre Kinder und ihre Freiwilligenarbeit referierten, zählten die Männer minutiös ihre Karriereschritte auf. Nur am Rande wurden die Familie oder allfällige Hobbys erwähnt. Die berufliche Leistung ist bei Männern im fortgeschrittenen Alter anscheinend wichtiger als alles andere.

Durch die Erzählungen meiner ehemaligen Mitschüler, ihre Stimmen und ihre Gestik wurden meine Erinnerungen geweckt, und plötzlich erkannte ich im Anzugträger mit der modischen Krawatte den smarten Louis wieder, der schon als Jugendlicher großen Wert auf die »richtige« Jeansmarke gelegt hatte. Seinem Vater gehörte damals der exklusivste Damenkleiderladen in unserer Stadt. Louis schlief, wie er uns verriet, jede Nacht auf seinen Hosen, die er unter die Matratze gelegt hatte, damit die Bügelfalte möglichst scharf war.

Adriano, den wir nur »Bobby« genannt hatten, war schon als Jugendlicher etwas korpulent und ernährte sich fast ausschließlich von Süßigkeiten, die er gleich dutzendweise am Kiosk kaufte. Er blieb seiner Liebe zum Süßen treu und führt heute eine Konditorei in Bern. Stolz erzählte er von den Auszeichnungen, die er im Laufe der Jahre mit seiner Backkunst errungen hatte. Sein mächtiger Bauch sprengte fast sein Jackett, während er frohgemut das Dessert seines Tischnachbarn Remo fertig aß.

Remo, der mit gefalteten Händen neben ihm saß, erinnerte mich ein bisschen an einen Pfarrer auf der Kanzel. Später erfuhr ich, dass er zwar kein Geistlicher, aber Sozialarbeiter geworden war. Das passte: Remo, der als Teenager unter Asthma gelitten hatte und wegen dem wir auch im Winter immer wieder die Fenster öffnen mussten, hatte sich schon damals um die Schwachen in der Klasse gekümmert. Er schien noch immer unter Atembeschwerden zu leiden, davon zeugte der Asthmaspray, der neben ihm auf dem Tisch lag.

Die zwei Busenfreundinnen Mary und Viviane saßen auch heute Abend nebeneinander. Mary war stets die Klassenbeste gewesen. Sie erzählte, dass sie bereits mit knapp dreißig in Physik doktoriert habe; während die damals Schönste der Klasse, Viviane, ziemlich in die Breite gegangen war und von ihrem

Beruf als Kindergärtnerin schwärmte. Auch das erstaunte mich nicht, war das doch schon als Teenager ihr Berufswunsch gewesen.

Je später die Stunde, desto mehr verschwammen Vergangenheit und Gegenwart, und ich erkannte, dass man die gleiche Person bleibt, egal, wie alt man ist. Und dass sich gewisse Vorlieben und Charaktereigenschaften meist schon früh zeigen. So amtete Hanspeter, der immer schon große Reden geschwungen hatte, heute als Gemeindepräsident. Die stille Patrizia aus einer italienischen Familie, die ich um ihre langen Zöpfe und geschickten Hände beneidet hatte, war Coiffeuse geworden. Der ehemalige Bücherwurm Henry, den wir nur »den Langweiler« genannt hatten, arbeitete seit dreißig Jahren als Bibliothekar, und vom abwesenden Eric, der für seine ständigen Faxen berühmt-berüchtigt gewesen war, erzählte man sich, dass er als Schauspieler in Deutschland arbeiten würde. Einige Kollegen wollten ihn sogar in einem »Tatort« gesehen haben.

Wie wohl ich auf meine ehemaligen Schulkameraden wirkte? Nun ja, mein Hang zum Zuspätkommen war geblieben, und immer noch wurde ich verlegen, wenn ich im Mittelpunkt stand. Was meine berufliche Orientierung betraf, so zählte das Schreiben zu den wenigen Schulfächern, in denen ich früher ein bisschen zu glänzen vermocht hatte; heute verdiene ich mein Geld damit. Ich bin ein gutes Beispiel dafür, dass es auch eine Schulversagerin zu etwas bringen kann.

Wir blieben lange im »Säli« sitzen. Als Herr A. endlich gegangen war, wurde die Stimmung noch gelöster, und mit steigendem Alkoholpegel fand ich diese Klassenzusammenkunft einfach großartig. Ich blieb allerdings den ganzen Abend neben Walter sitzen, wir hatten uns einfach so viel zu erzählen. Weit nach Mitternacht hatte ich einen alten Freund wiedergewonnen.

Walter und ich beschlossen, in Kontakt zu bleiben. Und das schafften wir auch. Seither sind einige Jahre vergangen, und wir sehen uns immer noch regelmäßig. Seine Geschichte erzähle ich im folgenden Porträt.

»Ich tue alles mit Leidenschaft«

Der Optimist: Walter M. Huber, 57, Regionaldirektor einer Softwarefirma

Ich kenne Walter schon fast mein ganzes Leben lang. Und das ist immerhin über ein halbes Jahrhundert. Er war ein gleichaltriger Nachbarsbub, der in einer tollen Villa inmitten eines wunderschönen Parks wohnte. Meine Familie nebenan in einem kleinen Mehrfamilienhaus. Walter war der Jüngste von drei Brüdern und hatte den Kopf stets voller Flausen.

Gemeinsam erlebten wir bis in die Pubertät hinein viele erste Male. Den ersten Tag im Kindergarten, den ersten Schultag, die erste Party, den ersten Schwips, die erste Zigarette. Allerdings waren wir nie ineinander verliebt, sondern einfach beste Kumpel. Und so gab es nie ein gemeinsames erstes Mal, was unser Liebesleben betraf. Walter gefielen brünette, zierliche Mädchen – diesem Typ ist er bis heute treu geblieben. Ich hingegen war eine hoch aufgeschossene Blondine, die ihn um einen halben Kopf überragte (was allerdings heute nicht mehr so ist), und meistens in blonde Jungs verknallt. Wir verbrachten gemeinsame Wanderferien mit unseren Eltern, und ich ließ ihn in der Schule von mir abschreiben. Er schwärmte bei mir von seinem Schulschatz, ich weinte mich bei ihm aus, als mir meine Mutter verbot, zum Konzert der Bay City Rollers zu gehen. Wir rauften, spielten Fußball, und Walter zeigte mir, wie man in der Apotheke seiner Eltern Süßholzstängel stibitzen konnte. Er lehrte mich Poker spielen, und ich machte ihn mit den Filmen meines Idols James Dean bekannt. Schon früh zeichnete er sich durch eine gewisse Geschäftstüchtigkeit aus. Er luchste mir damals mein Sammelalbum mit seltenen Briefmarken ab im Tausch gegen eine Schachtel wertloser Marken. Sein Argument: »Schau mal, so viele von mir gegen so wenige von dir.« Naiv, wie ich war, dachte ich mir: »Ein Schnäppchen!« Meine Eltern waren sehr verärgert, dass ich mich so hatte übers Ohr hauen lassen. Der Freundschaft zu Walter tat das längerfristig aber keinen Abbruch.

Wenn die Eltern weg waren, schauten wir uns im Spätprogramm – streng verboten! – »Jenseits von Eden« an, tranken ebenfalls verbotenen Eiercognac, und ich heulte Rotz und Wasser. Unsere »gemeinsame Zeit« dauerte bis ins Teenageralter, dann trennten sich unsere Wege; er kam in eine andere Klasse, und andere Freundeskreise taten sich auf. In den nächsten Jahren blieb ich durch seine Eltern auf dem Laufenden in Sachen Walter: Er sei ein »nicht immer einfacher« Teenager gewesen, schaffte dann aber doch noch »den Rank« und machte schließlich Karriere im Hotelgewerbe. Danach Heirat, zwei Kinder – Funkstille.

Bis wir vor ein paar Jahren an der Klassenzusammenkunft der Primarschule wieder zusammentrafen. Wie damals im Alter von fünf Jahren fanden wir auch mit fünfzig sofort wieder unkompliziert zueinander. Die Klassenzusammenkunft empfanden wir beide als recht surreal. Einige der Spielkameraden von früher schienen dramatisch gealtert. Und manche – kaum zu glauben – arbeiteten schon seit dreißig Jahren im gleichen Betrieb.

Von diesem Zeitpunkt an trafen wir uns regelmäßig. Bei einem unserer Wiedersehen fragte ich Walter, ob er in mir auch noch das kleine Mädchen von früher sehe. Er grinste: »Ja, dieses Bild bleibt irgendwie immer.« Da saßen wir also: das Silveli und der Walterli von früher, nur dass wir inzwischen 57 Jahre alt waren. Wobei es mir wichtig ist, zu erwähnen, dass er der Ältere von uns beiden ist. Immerhin um zwei Monate.

Walter Huber ist ein klassisches Beispiel von »gut erhalten«. Man gibt ihm keine fünfzig. Wobei er auch aus einer Familie stammt, in der viele Mitglieder über neunzig Jahre alt geworden sind. »Meine Mutter ist 91 und geistig immer noch topfit«, strahlt Walter. »Ich könnte also keine besseren Gene geerbt haben.« Sicher hält ihn auch seine zweite Frau, die 46-jährige Ivana, jung. Seit neunzehn Jahren sind die beiden ein Paar, zwölf davon verheiratet.

Hat er keine Mühe, mit seiner jüngeren Frau Schritt zu halten? »Ivana ist der ruhende Pol in unserer Beziehung«, sagt Walter. »Sie ist die Stillere von uns beiden, während ich der Rastlose bin.« Bevor aus den beiden ein Paar wurde, war Walter Huber einige Zeit allein. Die Ehe mit seiner ersten Frau war auseinandergegangen, »weil ich viel zu viel gearbeitet und mich während Jahren weitergebildet hatte und auch sie beruflich und mit den Kids zu sehr eingespannt war. Zeit füreinander hatten wir selten.« Heute ist sein Verhältnis zu seiner Exfrau gut. »Für ein gutes Privatleben muss man sich Zeit nehmen und konsequent daran arbeiten.«

Ein wichtiges Bindeglied zu seiner Ex sind seine zwei inzwischen erwachsenen Kinder, Andrea und Michael. Seine Tochter hat ihn vor zwei Jahren zum stolzen Großvater gemacht. »Mia ist mein Sonnenschein«, schwärmt er. Heute feiert die ganze Familie, inklusive neuer Partner, das Weihnachtsfest zusammen.

Waren Kinder in der zweiten Ehe nie ein Thema? »Das war sicherlich ein Prozess. Ein Prozess mit nicht optimalem Timing«, sagt Walter nachdenklich. Ganz zu Beginn der Beziehung sei Ivana »eine ideale Wahl« gewesen, weil sie eigentlich keine Kinder haben wollte. »Im Zusammenleben mit meinen Kids aus erster Ehe änderte sie ihre Meinung irgendwann. Zu diesem Zeitpunkt wollte ich Ivana aber allein genießen.« Später sei es noch einmal umgekehrt gewesen; er hätte sich Kinder gewünscht, aber für die beruflich eingespannte Ivana habe es nicht mehr gepasst. Kurz und gut: »Schlechtes Timing!« Aus heutiger Sicht sei aber alles gut so, wie es ist, und die kleine Hundedame Chilly komplettiert die Familie.

Im reiferen Alter nochmals einen Lebenspartner wählen zu können, erachtet Walter als große Chance. »Mit knapp vierzig war ich sicher etwas überlegter und erfahrener als vor zwanzig Jahren.« Er ließ sich aber Zeit, wollte nichts überstürzen. »Eine Heirat stand für mich nicht im Vordergrund. Ich wollte einfach nur mit Ivana zusammenleben und glücklich sein.« Dann habe er aber realisiert, dass eine Ehe für sie sehr viel bedeutete. Ein Lebensziel quasi.

Wie erlebt Walter seine zweite Ehe heute? »Man kennt seine Wertvorstellungen, verfügt über eine gewisse Lebenserfahrung und wählt seinen Lebenspartner mit Sorgfalt aus. Innere Werte, Gemeinsamkeiten und Gegensätze, die Grundeinstellung zum Leben und die Hoffnung auf einen gemeinsamen schönen Lebensabend sind plötzlich wichtiger als das Aussehen, cool rüberzukommen oder andere Eigenschaften, auf die man in jungen Jahren abfährt.« Wenn das halbe Leben bereits vorbei sei, stünden vielleicht nicht nur unbeschwerte Jahre bevor, sondern auch Zeiten voller Herausforderungen mit der Gesundheit oder im Beruf.

Von Walter Huber geht eine gewisse Leichtigkeit aus. Man fühlt sich wohl mit ihm. Er ist ein guter Kommunikator, kann aber auch zuhören. »Ich bin mit den Jahren ruhiger geworden. Früher war ich nervös, manchmal auch aufbrausend« – er zeigt wieder sein schelmisches Lachen –, »doch abgeklärt bin ich auch heute noch nicht. Ich bin immer noch begeisterungsfähig, stürze mich immer wieder in neue Aktivitäten. Doch ich habe ein großes Urvertrauen. Ich falle immer wieder auf die Füße, bin eben ein echtes Glückskind.«

Seine Lebensgeschichte ist dafür Bestätigung genug: Er war erfolgreich in der Hotellerie, führte ein Spezialitätenrestaurant, arbeitet seit Jahrzehnten in einer Chefposition in der IT-Branche und ist daneben auch ein ambitionierter Fotograf mit eigenem Studio und regelmäßigen Ausstellungen. Und er schrieb und verlegte ein Buch über die Beatles. »Ich tue alles mit Leidenschaft. Vielleicht ist das auch mein Erfolgsrezept fürs Jungbleiben.«

So rastlos Walter Huber sein Leben lebt, so gibt es darin doch gewisse Konstanten. »Ich bin ein durch und durch positiver Mensch«, beschreibt er sich selbst. »Und Qualität war mir immer wichtig, egal, ob es sich um Beziehungen, die Arbeit oder den Genuss handelt. Ich mag keine halben Sachen und bin immer auf der Suche nach dem Guten.«

Dass diese Suche nicht verbissen wirkt, hat mit Walters Charme zu tun. Schon während der Schulzeit konnte er die Mitschülerinnen mit seinem schiefen Lächeln bezirzen, etwas, was er nicht verlernt hat. Er ist sich seiner positiven Ausstrahlung durchaus bewusst und setzt sie auch ein, um gewisse Dinge zu erreichen. Mit dem Älterwerden sei ihm klar geworden, dass es für ihn »schon wichtig ist, gut anzukommen«. Aber im Unterschied zu früher kenne er seinen Wert inzwischen ganz genau. »Früher wollte ich überall dabei sein, suchte Bestätigung.« Natürlich freue es ihn auch heute noch, wenn er merke, dass ihn die Leute mögen, »aber es ist auch okay, wenn es mal nicht so ist«.

Doch bei allem Glück: Walter Huber kennt auch die Kehrseite. Vor einigen Jahren musste er sein geliebtes Restaurant schließen, da es zu wenig rentierte. Walter hatte sein ganzes Geld in das Unternehmen gesteckt. Es scheiterte nicht wegen mangelnder Qualität – »wir hatten sehr gute Kritiken und viele Stammkunden, die von weit her kamen« –, sondern wegen eines ungünstigen Standorts.

Zuerst wollte Walter sich nicht eingestehen, dass sein Traum »nicht funktionierte«. Doch als seine Ehe durch vierzehnstündige Arbeitstage und die finanzielle Lage immer gefährdeter wurde, zog er die Notbremse und schloss den Betrieb. Da war er 55 Jahre alt. »Ein suboptimales Alter ohne Job. Damals hatte ich wirklich schlaflose Nächte«, erinnert sich Walter. »Ich hatte zwar in beruflicher Hinsicht einen reichen Erfahrungsschatz gewonnen, aber wer stellt schon einen Mann von Mitte fünfzig ein?« Doch auch jetzt hatte Walter wieder »Glück und viel Gottvertrauen«. Er schrieb dem Firmeneigentümer, für den er früher, vor dem Restaurant-Abenteuer, sehr erfolgreich tätig gewesen war, eine Mail und schilderte ihm seine berufliche Situation. Sein ehemaliger Chef hatte ihn in bester Erinnerung und gab ihm seinen alten Job als Geschäftsführer zurück. Ohne Wenn und Aber.

Walter ist sich sicher, dass er durch sein Urvertrauen »das Gute auch dieses Mal angezogen« habe. Was seine dritte Lebenshälfte betrifft, so freue er sich auf die Zeit, die er mit seiner Familie verbringen könne, aufs Reisen und Fotografieren, »und auf all die schönen Dinge, die noch kommen werden«.

»Ich bin noch voller Träume«

Der Umtriebige: Joe Hättenschwiler, 58, Psychiater und Unternehmer

Trifft man Joe Hättenschwiler in einer Gruppe von Freunden oder Bekannten – von denen er viele hat –, steht er meistens im Mittelpunkt des Geschehens. Hochgewachsen, mit sportlicher Figur und vollem, blondem Haar sticht er optisch aus der Menge heraus und zieht mit seiner kommunikativen und einnehmenden Art das Umfeld in seinen Bann. Man merkt schnell: Joe Hättenschwiler mag die Menschen, und die Menschen mögen ihn.

Als Psychiater und Chefarzt des Zentrums für Angst- und Depressionsbehandlung Zürich (ZADZ), das er vor gut neun Jahren als selbständiger Unternehmer gegründet hat, macht er aber wie alle erfolgreichen Persönlichkeiten ab und zu die Erfahrung, dass ihm der Erfolg nicht von allen gegönnt wird. Doch auch wenn ihn das nicht ganz unberührt lässt, witzelt er: »Mitleid bekommt man geschenkt, Neid muss man sich erarbeiten.«

Ich habe Joe Hättenschwiler vor bald zehn Jahren kennen gelernt. Schon damals imponierte er mir mit seiner kompetenten und humorvollen Art. Er stand mir als Arzt zur Seite, als mich Panikattacken plagten. Als ich nicht mehr bei ihm in Behandlung war, entstand eine Freundschaft. In all den Jahren, in denen ich ihn kenne, war er mir in schwierigen Situationen oft ein Fels in der Brandung. Diese Verlässlichkeit und die Tatsache, dass er fast Tag und Nacht für sie da ist, schätzen seine Patientinnen und Patienten sehr.

Doch der 58-Jährige ist sich bewusst, dass er auch Zeit und Muße für sich selbst braucht – als Ausgleich zu seinem stressigen Arbeitsalltag und dem beruflichen Engagement. »Regelmäßige Bewegung, Pilates und eine gute Ernährung sind wichtig für mich.« Auch ein gepflegtes Äußeres ist ihm wichtig. Seine Frisur sitzt perfekt, und er legt Wert auf einen sportlich-eleganten Kleidungsstil. Für seine Figur verzichtet er auch mal auf Süßes und Pasta.

Bei unserem Gespräch im Winter 2016 spürt man allerdings wenig von seiner üblichen Leichtigkeit des Seins: »Das Jahr war sehr schwierig für mich«, sagt er nachdenklich und nimmt einen Schluck Wein. Vor allem der Herbst zehrte an seinen Kräften. Nach einer schweren Grippe und einem Bandscheibenvorfall – »dabei dachte ich, ich hätte den stärksten Rücken« – musste er aus dem Haus ausziehen, in dem er seit zwanzig Jahren mit seiner vor knapp zwei Jahren an Krebs verstorbenen Frau und seinen drei Töchtern gelebt hatte. »Die Trauerarbeit im Kreis meiner Familie, meine Krankheit, der Umzug sowie die sehr herausfordernde, wenn auch erfolgreiche Aufbauarbeit im ZADZ haben sich als riesiger Kraftakt erwiesen.«

Durch den Tod seiner Frau, der Mutter seiner Töchter, ist er mit der eigenen Vergänglichkeit konfrontiert worden. »Ich bin nun noch sensibler für das Thema Tod, und mir ist bewusst geworden, dass ein wichtiger, langer Lebensabschnitt zu Ende gegangen ist.« Diesen loszulassen, sei auch für ihn als Psychiater ein schmerzhafter Prozess. »In den letzten Monaten habe ich mich zum ersten Mal in meinem Leben richtig ausgelaugt gefühlt. Das Räumen des Hauses hat enorm viel Energie verbraucht und viel Vergangenes aufgewühlt. Meine Frau und ich waren zwar kein klassisches Paar mehr, aber wir teilten in vertrauensvoller Kameradschaft viele Erfahrungen, Freundschaften, Erinnerungen und unser Elternsein. Mit ihrem Tod ist ein wichtiger Teil meines Lebens weggebrochen.«

Aber Hättenschwiler wäre nicht der Optimist, der er ist, wenn er nicht sagen würde: »Die Talsohle ist durchschritten. Jetzt gehts wieder bergauf. Seit ich das Haus abgeben konnte, ist es mir leichter ums Herz geworden.« Seit kurzem lebt er jetzt also in einer großen, neuen Wohnung, die er nach und nach einrichtet. »Es muss nicht von Anfang an alles perfekt sein.« An die neue Familiensituation musste er als Familienmensch sich allerdings zuerst gewöhnen. Zwei seiner Töchter, die 30-jährige Carmen und die 28-jährige Alice, sind ausgezogen, die Jüngste, die 23-jährige Lea, kommt nur noch übers Wochenende nach Hause. »Wenn mir jemand vor drei Jahren gesagt hätte, dass ich eines Tages allein mit einem Kater leben würde, ich hätte ihn ausgelacht«, sagt er leicht ironisch.

Joe Hättenschwiler mag vielleicht jetzt (noch) allein in seinem neuen Zuhause sein, einsam fühlt er sich dennoch nicht. Dafür sorgen sein großer Freundeskreis und ein bereicherndes Beziehungsnetz. »Mir fehlt leider die Zeit, alle meine Kontakte regelmäßig so zu pflegen, wie ich mir das wünschen würde«, sagt er. In der Tat ist es manchmal fast unmöglich, mit ihm ein privates Treffen zu vereinbaren – seine Abende sind meist ausgebucht. »Freundschaften waren für mich immer wichtig, aber im schwierigen letzten Jahr haben sie noch einmal an Bedeutung gewonnen. Ich weiß nicht, wie ich die letzten Monate ohne diese Unterstützung geschafft hätte«, sagt er.

So wichtig Arbeit und Freunde sind, sie können keine Lebenspartnerin ersetzen. »Nein, nein, ich bin nicht auf der Suche nach der Liebe«, lacht Hättenschwiler, den Freunde immer wieder zu verkuppeln versuchen. Bislang ohne Erfolg, denn der Psychiater ist anspruchsvoll, wenn es um eine neue Partnerin geht. »Da ich ein Ästhet bin, sollte sie zwar attraktiv und intelligent sein, vor allem aber auch Herzenswärme ausstrahlen, denn die wird mir mit zunehmendem Alter immer wichtiger.« Wichtig sei ihm auch eine gewisse Unabhängigkeit einer allfälligen Partnerin. »Ich bin beruflich sehr engagiert, da brauche ich keine Frau, die nur zu Hause auf mich wartet.«

Hat er, wie viele seiner Altersgenossen, ein Faible für jüngere Frauen? »Ein paar Jährchen darf sie schon jünger sein«, sagt er schmunzelnd, »doch anders als vielen Männern in meinem Alter steht mir der Sinn nicht nach einer blutjungen Gefährtin.« Auch die Familienplanung sei abgeschlossen: »Ich habe drei wunderbare Töchter, ich brauche kein Babygeschrei mehr.«

Viele Frauen haben Mühe mit ihrer scheinbar schwindenden Attraktivität. Männer haben diesbezüglich ein gesundes Selbstbewusstsein. Wie erlebt Hättenschwiler das in seiner Praxis? »Vor allem um die fünfzig, wenn bei den Frauen das kritische Alter beginnt, sind viele gleichaltrige Männer noch ziemlich relaxt. Sie können sich vorstellen, auch mit sechzig noch mit einer jüngeren Frau eine Familie zu gründen. Hier könnte man durchaus eine gewisse Wahrnehmungsstörung diagnostizieren«, sagt er lachend.

Apropos sechzig. In zwei Jahren steht Joe Hättenschwiler dieser Meilenstein bevor. Stresst ihn diese Tatsache? »Mein Vater ist mit 75 Jahren gestorben. Ginge ich davon aus, dass ich nur noch siebzehn Jahre zu leben hätte, würde mich das schon nachdenklich stimmen«, sagt er. »Aber meine Mutter wurde 87, ich nehme jetzt mal an, dass ich genetisch eher ihr nachschlage.«

Die Arbeitsmoral und das Pflichtbewusstsein seiner Eltern hätten ihn übrigens sehr geprägt. »Mein Vater arbeitete als Huf- und Wagenschmied sowie als Kunstschlosser. Er machte zeit seines Lebens nie Ferien, und auch meine Mutter war stets mit Haus- und Gartenarbeiten beschäftigt.« Doch auch wenn sein Alltag viel von ihm fordert, Hättenschwiler ist durchaus auch ein Genussmensch, der ein schönes Essen und einen guten Wein zu schätzen weiß. Und er lebt bewusst im Hier und Jetzt. »Die Endlichkeit des Lebens habe ich schon durch den frühen Tod des Vaters erfahren.«

Im Gegensatz zu vielen seiner Altersgenossen führt er auch keine »bucket list«, was er in seinem Leben noch erleben will. Er macht sich diesbezüglich keinen Druck. »Ich brauche das Gefühl nicht, überall gewesen zu sein. Wenn ich tot bin, spielt es keine Rolle mehr, ob ich mal auf den Seychellen war oder eben nur in der Toskana.«

Joe Hättenschwiler macht zwar keine Zukunftspläne, »aber ich bin noch voller Träume«. Und wenn er das sagt, wirkt er wie ein sehr junger Mann, der gespannt ist, was das Leben noch für ihn bereithält.

»Die Nähe zu anderen ist mir wichtiger geworden«

Der Fürsorgliche: Stephan Schué, 50, Hoteldirektor

Ich treffe Stephan Schué einen Tag vor seinem fünfzigsten Geburtstag. Der smarte Hoteldirektor mit seinem ergrauten Haar, dem perfekt sitzenden Anzug und der hellblauen Krawatte ist quasi in »freudiger Erwartung«. Seinen großen Tag wird er am nächsten Abend mit seiner Frau und seinem Sohn Niklas feiern. Géraldine wird ihn am Abend mit einem Sauerbraten bekochen. Das kommt selten vor, da Schué, ein gelernter Koch, am Wochenende selbst gern am Herd steht und auch schon mal für die Woche vorkocht.

Auch an seinem Arbeitsplatz, dem Seminarhotel Bocken in Horgen, werden ihn seine Mitarbeiter mit einem reichhaltigen Geburtstagsapéro überraschen, was er aber bei unserem Gespräch noch nicht weiß. Und einige Tage später ist eine große Party geplant, an der über fünfzig Freunde aus ganz Europa teilnehmen werden.

Freunde, das wird im Gespräch mit Stephan Schué schnell klar, sind »extrem wichtig« für ihn. »Ich habe Freundschaften früher oft vernachlässigt, das möchte ich in Zukunft nicht mehr tun«, sagt er selbstkritisch. Lange Zeit sei er »ziemlich egoistisch« gewesen; sein Beruf, seine Freiheit und Unabhängigkeit seien ihm »wichtiger als alles andere« gewesen. Heute brauche er die Nähe zu anderen viel stärker. Egal, ob es sich um die Familie oder eben um Freunde handelt. »Vielleicht eine Folge des Älterwerdens«, sagt er.

Woran erkennt er den guten Freund? Er überlegt nur kurz. »Wenn ich ihn Monate oder sogar Jahre nicht gesehen habe, es sich aber anfühlt, als hätten wir uns erst gestern getroffen.« Um seine Beziehungen zu pflegen, nimmt Schué unter anderem regelmäßig an Männerabenden und Männerferien mit seinen besten Freunden teil. »Dann wird gemeinsam gekocht, Sport getrieben und philosophiert.«

Müsste man einen Bilderbuchmann auf dem Reißbrett entwerfen, Stephan Schué käme ihm sehr nahe. Er ist beruflich erfolgreich, sieht blendend aus, ist »glücklich« mit einer elf Jahre jüngeren Frau verheiratet und Vater des siebenjährigen Niklas, »dem Sonnenschein meines Lebens«.

So weit, so gut. Oder auch nicht. Stephan Schués Welt war lange Zeit alles andere als bilderbuchmäßig. Seine Frau erlitt zwei Monate nach der Geburt des Sohnes eine postnatale Depression. Sie erholte sich zwischenzeitlich, erlitt aber eineinhalb Jahre später einen Rückfall. »Diese zwölfmonatige Phase war eine ständige Achterbahn, unsere Beziehung war durch die Krankheit so belastet, dass ich nicht sicher war, ob sie das auch aushält«, sagt er nachdenklich. In dieser Zeit habe er sich oft gefragt: »Bin ich noch glücklich, und wie soll mein Leben weitergehen?« Lange konnte er keine Antwort darauf finden. In dieser Zeit der Unsicherheit beschloss das Paar, fachmännische Hilfe in Anspruch zu nehmen. »Wir entschlossen uns zu einer

Therapie. In der Folge bekamen wir einen klaren Beziehungsplan, in dem unser Zusammenleben genau geregelt war.«

Während Schué von »aktivem Zuhören«, »Berührungszeiten« und »Liebessprache« spricht, merkt man, dass ihm diese Therapie nicht immer leichtgefallen ist. »Es ging nicht nur um die Depression meiner Frau, sondern auch darum, wie ich mich fühle und wahrnehme.«

Um seine Familie zu unterstützen, teilte Schué seine Arbeit von da an so auf, dass er zwischen Donnerstag- und Sonntagabend zu Hause bleibt, in Kehrsatz bei Bern. Ein Tag ist für Home-Office-Arbeit reserviert. Die übrige Zeit lebt er in Horgen an seinem Arbeitsplatz. »So kann ich drei Tage intensiv mit der Familie zusammen sein.« Seine Frau hat sich inzwischen gänzlich von ihrer Krankheit erholt. Hat Schué keine Angst, dass die Depression ein weiteres Mal kommt? Er verneint. »Ich spüre und erlebe, dass meine Frau ihre emotionale Stabilität wiedergefunden hat.«

Wie geht es ihm im Zusammenleben heute? »Zu Hause sind wir zwei Alphatiere, da kann es schon zu Konflikten kommen.« Nach der Geburt des gemeinsamen Sohnes hätten sich die Prioritäten verschoben. »Die Liebe zu meiner Frau ist durch ihre Krankheit tiefer geworden, und die gemeinsame Therapie hat auch bei beiden die Leidenschaft neu entfacht.« Gemeinsam gönnt sich das Paar immer wieder mal ein Wochenende in einem schönen Hotel. »Je älter ich werde, desto mehr schätze ich die Stunden der Zweisamkeit.«

Und wie steht es um sein seelisches Gleichgewicht? Schué lacht: »Ich habe jedenfalls keine Midlife-Crisis. Die hatte ich, wenn schon, vor ein paar Jahren.« Trotzdem habe ihm die Krankheit seiner Frau bewusst gemacht, »dass ich für das eigene Wohlbefinden mehr tun muss als in jüngeren Jahren«. Darum hat sich Schué sowohl ein Coaching als auch ein Persönlichkeitsseminar gegönnt, ein sogenanntes Block-Training, bei dem man sich mit einer Gruppe von zwölf Personen und vier begleitenden Therapeuten zurückzieht, um »innere Blockaden« aufzuspüren. »Es war eine sehr emotionale Zeit ohne Kontakt zum Außen und ohne Genussmittel«, sagt der »handysüchtige Raucher«. Mit welchem Erfolg? »Diese Auszeit war eine Art Bestandsaufnahme für mich. Ich spürte, dass, wenn es mir gut geht, auch mein Umfeld profitiert.«

Das klingt mir ein bisschen zu sehr nach Klischee. Was war das jetzt mit den inneren Blockaden? Schué überlegt einen Moment und sagt: »Es wurde mir bewusst, wie schwer es mir fällt, loszulassen.« Im Beruf verstehe er es mittlerweile, fünf auch mal gerade sein zu lassen, aber privat müsse er »immer alles unter Kontrolle haben«. Daran müsse er arbeiten. Und wie macht er das? »Indem ich mich beispielsweise in gewissen Situationen frage, warum es für mich so wichtig ist, alles im Griff zu haben. Und was schlimmstenfalls passieren könnte, wenn ich es nicht tue.«

Dass man im Leben nicht alles kontrollieren kann, diese Erfahrung hat Schué bereits als junger Mann gemacht. Seine Mutter starb, als er siebzehn Jahre alt war. »Das hat mich total aus der Bahn geworfen«, sagt er. »Ich war völlig orientierungslos.« In der Familie galt Stephan »als dunkelgraues Schaf«. »Mein Vater hatte schon immer eine riesige Erwartungshaltung in Bezug auf uns Kinder, die ich nur selten erfüllen konnte.« Nach dem Tod der Mutter und dem Schulabschluss, den er nur »auf allen vieren« schaffte, ging er für ein Jahr nach Kanada. Anschließend machte er eine Kochlehre, die ihm viel Freude bereitete. Aber schon damals wusste er, dass er sich beruflich in Richtung Hotellerie weiterentwickeln würde.

Stephan Schué machte Schritt für Schritt Karriere, was es allerdings mit sich brachte, dass er in seinem Leben achtzehn Mal umziehen musste. Er leitete als Vizedirektor und als Direktor verschiedene Fünfsternehotels und führte mit seinem Vater während fünf Jahren ein Weingut in der Toskana. »Die gemeinsame Arbeit war nicht immer einfach, aber wir lernten, miteinander auszukommen und uns gegenseitig zu respektieren.«

Trotz der vielen Ortswechsel empfindet sich Schué nicht als rastlos. »Ich habe immer wieder neue Wurzeln geschlagen.« Dass er jetzt bereits seit fast zehn Jahren an derselben Arbeitsstelle tätig ist, hat ihn eine Zeit lang beschäftigt. »Während meines Coachings bin ich dann aber zum Schluss gekommen, dass es gut ist, wie es ist, und dass ich diese Stabilität auch schätze.«

Ohne Zweifel ist Niklas ein wahrer Freudenspender im Leben des Fünfzigjährigen. Als spätem Vater bringe ihm sein Sohn »wahnsinnig viel Jugend« zurück und helfe ihm, »das Kind im Manne wieder zu leben«. Der Kauf einer Carrera-Bahn ist eine Folge des neu erwachten Spieltriebes. Um seinen Sohn immer bei sich zu haben, entschloss sich Schué vor einigen Jahren, sich ein Tattoo mit Niklas' Tierkreiszeichen auf den Rücken stechen zu lassen. »So etwas hätte ich mir früher nie vorstellen können; es ist verrückt, was Liebe alles bewirkt.«

Stephan Schué ist viel in Bewegung, egal, ob beim Spielen mit seinem Sohn, auf dem Laufband – »schließlich will ich kein Hüftgold ansetzen!« – oder beim Golfen: »Hier bin ich recht ehrgeizig geworden.«

Obwohl er ein verheirateter Familienvater ist, kann ich mir vorstellen, dass der Hotelier mit seinem guten Aussehen viele Verehrerinnen hat. Er lacht herzlich: »Ganz falsch. Wenn ich früher in eine Bar ging, fand ich schneller Anschluss, heute habe ich das Gefühl, dass mich kein Schwein mehr ansieht.« Fishing for compliments? Schué gesteht denn auch, einigermaßen eitel zu sein. Und es nervt ihn »gewaltig«, dass er seit zwei Jahren eine Lesebrille benötigt. Nicht, weil ihm eine Brille nicht stehen würde, aber es sei mühsam, dass er ein Hilfsmittel brauche, um eine Speisekarte zu lesen. Noch mehr belaste ihn jedoch die Tatsache, dass sein Haar »dünner und weniger« werde. Zum Glück baue ihn die Coiffeuse seines Vertrauens alle vier Wochen wieder auf und beruhige ihn, dass seine Haarqualität noch immer gut sei.

Das Thema Haare scheint ihm – wie vielen Männern – wichtig zu sein. Bei Schué zieht es sich wie ein roter Faden durchs Leben. »Wenn ich früher jeweils mit Freunden schwimmen war, lachten sie mich aus, weil ich immer, wenn ich aus dem Wasser kam, als Erstes meine Haare gerichtet habe. Ein ›bad hair day‹ macht mir heute noch zu schaffen.« Und er gibt auch zu, dass er mit zunehmendem Alter eitler geworden sei. »Vor allem, wenn ich ausgehe, ist es mir wichtig, gut angezogen zu sein.« Gibt es etwas, was ihm an seinem Äußeren nicht gefällt? Die Antwort kommt schnell: »Meine Nase. Aber die bleibt, wie sie ist. Eine Schönheits-OP käme für mich nie infrage!«

Die Atmosphäre ist gelöst. Schué ist ein Mann, in dessen Gesellschaft man sich wohlfühlt. Ein bisschen alte Schule, humorvoll, aber durchaus auch selbstkritisch. »Wollen Sie noch meine Stärken und Schwächen wissen?«, fragt er leicht ironisch und zieht demonstrativ einen Zettel aus seinem Sakko. »Die Liste hat übrigens meine Frau verfasst«, fügt er an. »Da wären also meine positiven Seiten: vertrauenswürdig, optimistisch, romantisch, ehrlich, gerecht, großzügig und schönheitsliebend.« Und die Schwächen? »Ich bin stur, kann schwer loslassen und helfe zu wenig im Haushalt.«

Noch Fragen? Nein!

»Junge Frauen sind wie ein Hormonplacebo«

Interview mit dem Andrologen Dr. med. Christian Sigg, 67. Er ist Facharzt für Haut- und Geschlechtskrankheiten. Seine Spezialgebiete umfassen die Männerheilkunde, die Hodenhistologie und Spermienfunktionstests. Sigg ist Gründer und Leitender Arzt des Instituts für Andrologie in Zürich.

Der alternde Mann ist in der Forschung ein unbekanntes Wesen. Warum ist das so?
Das ist wirklich seltsam, denn die ganze Medizin ist ja bekanntlich männerdominiert. Männer haben sich immer für alles interessiert, außer für sich selber *(lacht).* Fakt ist, dass bis vor zwanzig Jahren die biologischen Zusammenhänge beim Mann völlig unzureichend erforscht waren. Der Sinkflug der männlichen Hormone ab vierzig und was damit einhergeht, war weitgehend unbekannt. Der zweite, ebenfalls wichtige Grund ist, dass Männer mit überzeugender Sturheit behaupten, dass sie keine gesundheitlichen Probleme haben.

Steht hinter diesem Verhalten eine gewisse Ignoranz?
Ich würde eher sagen, es ist die Angst des alternden Mannes, wenn er merkt, dass etwas nicht mehr so funktioniert wie früher. Dass etwas anders ist und dass ein Abbau auf verschiedensten Gebieten stattfindet. Dazu kommt, dass das gesundheitliche Wissen vieler Männer extrem schlecht ist, verglichen mit jenem der Frauen. Diese sind informiert, kennen ihren Körper und können mögliche Symptome deuten. Männer sind Verdränger. Zwar leiden viele von ihnen beim geringsten Schnupfen tausend Tode, wenn es aber ernst wird, stecken sie den Kopf in den Sand.

Woran liegt das?
Das hängt mit den Traditionen zusammen. Gesundheit ist seit je Frauensache, und Männer erwarten, dass sie von den Frauen gecoacht werden. Falls sie überhaupt eine Einmischung zulassen.

Ich nehme an, dass es für Sie schwieriger ist, mit älteren Männern über gesundheitliche Themen zu sprechen?
Ja, es ist mit jüngeren Männern einfacher, gewisse Themen zu behandeln. Das sehe ich im zweiten Hauptgebiet der Andrologie, also der Männermedizin, wenn sich ein Kinderwunsch nicht erfüllt. Hier sind jüngere Männer sehr viel offener, gewisse Probleme oder auch Untersuchungen anzugehen, auch wenn sie unangenehm sind. Ich erlebe in der Praxis viel weniger Widerstände, viel mehr Offenheit als bei Männern ab fünfzig. Jüngere Männer sind durch die Medien auch viel besser über gesundheitliche Themen informiert. Sie wissen, worum es geht, wenn sie zu mir kommen.

Der Androloge ist ja eigentlich das Gegenstück zur Gynäkologin. Ihr Beruf hat aber eine noch junge Geschichte.

Genau. Eigentlich gibt es den Beruf des Andrologen gar nicht. Ich bin der einzige in der Schweiz. Lange bestand auch kein Bedürfnis nach diesem medizinischen Bereich. Wir hatten ja auch keine Hormone, um Männer zu behandeln.

Sie üben also eine Berufsrichtung aus, die es gewissermaßen gar nicht gibt?

Ja *(lacht)*. Und das seit dreißig Jahren. Ursprünglich komme ich aus der Pathologie.

Sie haben sich quasi von den Toten ab- und den Lebenden zugewandt. Warum?

In Zürich gab es einen Pathologen, Professor Hedinger, der auf Hodenerkrankungen spezialisiert war. Er war eine Koryphäe auf seinem Gebiet. Ich habe lange bei ihm gearbeitet und fand dies sehr interessant, genauso wie die Dermatologie, in der ich auch gearbeitet habe. Damals war das ein Fachgebiet, das alles vereinte, was die Ärzte nicht interessierte. Danach habe ich mich auf die Andrologie spezialisiert.

Während meiner Interviews habe ich festgestellt, dass sich mir viele Männer, nach einer anfänglichen Distanz, geöffnet haben.

Das wundert mich nicht. Das wäre nie passiert, wenn Sie ein Mann wären. Untereinander geben vor allem ältere Männer keinerlei Schwächen zu.

Man könnte also sagen, dass das Älterwerden für den Mann eine einzige große Beleidigung ist?

Es ist zumindest eine große Belastung. Wir haben einfach nicht damit gerechnet, denn älter werden bekanntlich nur die anderen! Da der Alterungsprozess bei Männern sehr individuell abläuft, orientieren sich viele am Optimum und reagieren verunsichert, wenn sie offensichtlich nicht dazugehören und nicht so toll altern wie George Clooney. Beleidigt sind sie also eigentlich nicht, vielmehr überrascht.

Sind sich Männer dieser Verdrängung bewusst?

Eigentlich schon, denn die Aufklärung in den Medien hat in den letzten Jahren nachhaltige Wirkung gezeigt, und Schönreden – niemand kann das so gut wie Männer – hilft eben nicht immer, alle Probleme zu beseitigen. Dazu gehören vor allem und gerade auch diejenigen Zeichen des Alterns, die für den Patienten unwiderlegbar sichtbar sind, wie beispielsweise Erektionsstörungen.

In welchem Alter wird das Thema bei Männern besonders aktuell?

Gibt es bei jungen Männern nur wenige Fälle, so leiden mehr als die Hälfte der Männer über 65 Jahren an unterschiedlich ausgeprägten Potenzstörungen. Meistens sind Gefäßveränderungen und Hormondefizite die eigentlichen Ursachen, die psychogenen sexuellen Störungen sind weitaus seltener und betreffen meist jüngere Männer mit geringer sexueller Erfahrung. In meiner Sprechstunde sind Erektionsstörungen eine häufige Klage. Bemerkenswert ist, dass das Problem meist nicht in den ersten Konsultationen angesprochen, sondern oft erst später thematisiert wird. Potenzstörungen belasten die Patienten sehr, gleichzeitig fällt das Outing den Männern schwer.

Wie behandeln Sie diese Patienten?

Für mich ist es oft schwierig, das Problem einzuordnen, haben doch viele Männer echt abenteuerliche Vorstellungen davon, was Potenz bedeutet – die Pornoindustrie legt die Latte dramatisch hoch und verunsichert vor allem junge Männer tief. Zur Behandlung gehört deshalb immer ein Gespräch, das hilft, die unrealistischen Erwartungen herunterzuschrauben, und das den Männern ermöglichen soll, sich selber einzuordnen.

Sprechen Männer untereinander über Erektionsstörungen?

Gespräche unter Männern über dieses Thema haben Seltenheitswert. Und zu keiner Befindlichkeit wird wohl unter Männern so viel gelogen wie über die eigene Potenz.

Welche Möglichkeiten bestehen bei der Behandlung von Erektionsstörungen, neben der Hormontherapie?

Da die Erektionsstörung bei älteren Männern meist auf mehreren Ursachen beruht, sind Begleiterkrankungen wie Zuckerkrankheit, Bluthochdruck und Übergewicht unbedingt anzugehen. Hormondefizite werden korrigiert – genügt dies noch nicht, kommen in erster Linie Medikamente aus der Viagra-Gruppe zum Einsatz. Da es immer auch um eine abnehmende Stoffwechselleistung der Zellen in den Penisschwellkörpern geht, haben sich heute länger andauernde, medikamentöse Stimulierungen mit niedrig dosiertem Viagra sehr bewährt – gewissermaßen als Gefäßtraining.

Die Verschreibung von Viagra ist nicht unbestritten. Wie stehen Sie dazu?

Viagra und seine Nachfolgeprodukte sind heute aus der Andrologie nicht mehr wegzudenken und eigentlich recht segensreich.

Viele Männer kompensieren das Älterwerden mit jungen Frauen und schnellen Autos. Oder sind das nur Klischees?

Solange die Anziehungskraft als Maß für Jugend, Potenz und Kraft gilt, haben junge Gefährtinnen sicherlich enorme Wirkung auf das Ego. Leider aber verschwinden die Symptome eines zunehmenden Hormonmangels damit nicht, und die Wirkung der jungen Geliebten dauert in den meisten Fällen nur kurz. Junge Frauen sind also gewissermaßen ein Hormonplacebo. Apropos Autos: Schnelle Wagen kaufen Männer – entgegen der weitverbreiteten Ansicht – oft nicht, um Frauen, sondern vielmehr um andere Männer zu beeindrucken, oder sogar aus echter Freude an der Technik.

Welches sind die häufigsten Fragen von Männern um die fünfzig, mit denen Sie in Ihrer Praxis konfrontiert werden?

Die meisten Fragen kommen zum Thema Libidoverlust. Die Männer beklagen sich darüber, dass sie weniger bis gar kein Bedürfnis mehr nach Sex haben, oder dass er nicht mehr funktioniert, und das irritiert und verunsichert sie sehr. Ein anderes Gebiet ist der Leistungsverlust, den sie spüren, egal, ob dies den Beruf oder den Sport betrifft.

Wie reagieren die Männer, wenn Sie bei Libidostörungen eine körperliche Untersuchung vorschlagen?
Viele sind dankbar. Sie spüren ja dieses Unvermögen, nicht mehr leistungsfähig zu sein, mögen mit den Jüngeren nicht mehr mithalten. Wenn man ihnen dann sagen kann, da steckt auch etwas Körperliches dahinter, dann sind sie erleichtert.

Und dieses Somatische sind dann die mangelnden Hormone?
Ja, der Testosteronmangel steht im Zentrum verschiedenster Ursachen von Veränderungen. In den letzten zehn Jahren hat man herausgefunden, dass vieles, was im männlichen Körper abläuft, damit in Zusammenhang steht. Mit den schwindenden Hormonen zeigen sich gewisse Symptome wie ein Libidomangel, seelische Verstimmungen, Niedergeschlagenheit. Viele werden unsicher, depressiv. Aber nicht alle Männer leiden unter diesem oft genetisch bedingten Hormonabfall.

Pablo Picasso hatte ja diesbezüglich keine Probleme. Dann ist dieser Hormonabfall also bei jedem Mann individuell?
Ist er in der Tat! Abhängig von den Ausgangswerten als junger Mann, abhängig von Begleiterkrankungen wie Fettleibigkeit und Zuckerkrankheit, aber auch abhängig von unserer genetischen »Ausstaffierung«. Einige Männer haben deshalb bis ins höchste Alter normale Werte, andere leiden schon sehr früh an »Ausfallerscheinungen«. Grundsätzlich wäre es wünschenswert, diese erblich bedingte und auf den Lebensweg mitgegebene »Verarbeitungsstärke« des Organismus bei jedem Mann zu be-

stimmen. Dies würde mithelfen, die richtige Hormonersatzdosis zu finden und den idealen Zeitpunkt des Behandlungsbeginnes festzulegen.

Was ist eigentlich die Funktion von Testosteron im männlichen Körper?

Das Hormon – seine Struktur wurde übrigens in Zürich an der ETH erstmals isoliert, und diese Leistung wurde damals mit einem Nobelpreis belohnt – hat in drei Phasen unseres Männerlebens Bedeutung und Wirkung: Ein Gen ist verantwortlich, dass der Embryo in der achten Schwangerschaftswoche erstmals hohe Werte an Testosteron bildet und die sexuelle Differenzierung einleitet. In der Pubertät braucht es Testosteron, um aus dem Knaben einen Mann zu machen mit tiefer Stimme, wachsenden Hoden und Erektionsfähigkeit. Und in der dritten Phase geht es um die Aufrechterhaltung wichtigster Einflüsse auf Sexualität, Muskulatur, Knochen, Hirn, Leber, Nieren und in geringem Maße auch auf andere Organe und Körperfunktionen.

Lässt sich der männliche Alterungsprozess mit dem weiblichen vergleichen?

Nur sehr bedingt. Zwar spielen bei beiden die Hormone eine entscheidende Rolle. Aber ganz zum Erliegen kommt die Hormonproduktion beim Mann nie, sie zeigt einen individuell sehr unterschiedlichen »Sinkflug« und entspricht damit eben nicht der Definition der Wechseljahre bei der Frau, wo die Hormonproduktion ganz zum Erliegen kommt.

Immerhin haben die Männer nicht wie viele Frauen das Problem mit dem Unsichtbarwerden. Viele Männer

gelten gerade in ihren Fünfzigern als tolle Hechte. Frauen altern, Männer reifen. Dies sollte ihnen doch ein gewisses Selbstbewusstsein geben.

Da sind wir wieder beim Schönreden: Eigentlich möchten Männer ja auch, wie die Frauen, immer jung und attraktiv aussehen. Das ist aber offensichtlich sehr anstrengend, mit beachtlichen Eigenleistungen und Verzicht verbunden, zudem teuer, und letztlich ist das Altern doch nicht aufzuhalten – also besser selbstbewusst die »Reife« des mittleren Alters als attraktiv hinstellen. Auch wenn sie das vielleicht gar nicht ist. Und sich damit zufriedengeben.

Frauen leben auch heute noch länger als Männer. Warum?

Männer sterben in jedem Lebensabschnitt früher, sei es als Ungeborene, als Kinder, als junge Männer oder im mittleren und höheren Alter. Dies hängt mit der Männerlastigkeit vieler Alterungsprozesse und Krankheiten zusammen. Unser Y-Chromosom – das übrigens einige zehntausend Jahre jünger ist als das X-Chromosom –, von dem die Frauen zwei, wir aber nur eines haben, wurde im Laufe der Evolution immer kleiner. Zustande kommt dieser Schwund durch die Tatsache, dass dieses einzelne Chromosom kein zweites hat, gewissermaßen als Back-up. Genetisch gesprochen hat es niemanden, um sich auszutauschen. Ist dies vielleicht der Grund, weshalb viele Männer nicht gern reden *(lacht)*? Generell aber haben Männer eben auch ein geringeres Gesundheitswissen, absolvieren kaum je freiwillig Vorsorgeuntersuchungen, leben riskanter. Insgesamt trägt dies nicht zur höheren Lebenserwartung bei.

Kann man einem Mangel an Testosteron vorbeugen?

Nein, so richtig leider nicht. Sicher hilft ein gesunder Lebenswandel, den Abfall der Hormone – rund ein bis zwei Prozent jährlich – nicht zusätzlich zu beschleunigen. Dazu gehören auch ein gut eingestellter Zuckerhaushalt und vor allem die Vermeidung der Bauchfettansammlung. Typisch für den Testosteronmangel sind dünne Beine mit geringer Muskelmasse und dicke Bäuche.

Verkürzt ein Testosteronmangel das Leben?

Zum nicht geringen Erstaunen der immer noch vorhandenen Testosterongegner hat sich das Hormon nicht nur als Marker für die Lebensqualität, sondern eben auch für die Lebenserwartung entpuppt. Diese Erkenntnis lieferten Veteranenstudien aus den USA: Männer mit tiefen Testosteronwerten leben eindeutig weniger lang. Sicher hängt dies auch mit den beinahe obligaten Begleiterkrankungen wie Diabetes und Herz-Kreislauf-Störungen zusammen.

Wie wendet man Testosteron an?

Als Gel über die Haut, als Injektion und bald auch als Nasenspray.

Bei einigen Ärzten stößt eine Testosteronbehandlung auf Widerstand. Warum?

Richtig, auch wenn ihre Zahl ständig abnimmt. Es sind vor allem jüngere Kollegen, die den Hormonmangel als Teil des natürlichen Alterns ansehen. Dann müsste man allerdings auch gegen Hüftgelenksersatz bei Arthrose sein und die Brille zur Korrektur der Alterssichtigkeit weglegen.

Was sind die Schwachstellen der Hormontherapie?

Auch eine Testosteronersatztherapie hat ihre Schwachstellen; so sind die eigentlichen Normwerte erst seit kurzem allgemein anerkannt. Viele Ärzte befürchten zudem noch heute, dass Testosteron einen »schlafenden« Prostatakrebs zum Wachsen bringen könnte. Dies gilt aber als definitiv widerlegt durch große Studien an Hunderten von Männern.

Wie reagieren Männer, wenn die Hormonbehandlung positiv anschlägt?

Nicht völlig überraschend verschwinden die Krankheitszeichen in umgekehrter Reihenfolge ihres Erscheinens: Wiedererwachte Libido, bessere Grundstimmung und Belastbarkeit tragen zum positiven Bild der Hormonersatzbehandlung bei. Immer wieder betonen Patienten, keinesfalls wieder auf diese Behandlung verzichten zu wollen.

Kann man mit einer Testosterongabe einen Mann wieder »auf Vordermann« bringen?

Nein. So langsam, wie die Übel sich bemerkbar gemacht haben, so viel Zeit braucht es auch für einen bleibenden positiven Effekt. Es kann sein, dass erste Fortschritte schon nach ein paar Wochen spürbar sind, für eine stabile Verbesserung braucht es aber Monate. Und für einige Männer dauert dies zu lange, und sie brechen die Therapie ab.

Was kann ein älter werdender Mann selber zu seinem Wohlbefinden beitragen?

Bewegungsmuffel haben es hier schwer. Sport und Aktivität helfen sowohl, die eigene Hormonproduktion – in allerdings bescheidenem Maße – zu steigern wie auch eine bessere Basis für die Wirkung zu schaffen: Gewichtsreduktion, Blutdruckkontrolle, Blutfette und Zuckerstoffwechsel stehen im Mittelpunkt.

Gibt es Faktoren, die das Älterwerden bei Männern positiv unterstützen?

Sicher, gerade Sorgfalt im Umgang mit Risikofaktoren wie Alkohol, Nikotin, Übergewicht wirkt sich positiv aus. Äußerst wichtig sind stabile, belastungsfähige und eingespielte Beziehungen, auch wenn Männer dies keineswegs immer wahrhaben wollen. Und sicher haben es Alleinstehende im Alter einfach schwerer.

Bis jetzt haben wir vor allem über körperliche Veränderungen gesprochen. Mit welchen psychischen Problemen werden Sie in Ihrer Praxis konfrontiert?

Was in der Sprechstunde immer zentraler wird: Neben dem offensichtlich schwer belastenden Libidoverlust sind es die Stimmungsschwankungen und die depressiven Verstimmungen, die älteren Männern, aber auch ihrem Umfeld zu schaffen machen.

Wo sind die Schnittstellen zwischen körperlichen und psychischen Problemen?

Das alles ist fließend, und es sind keine klaren Grenzen in den Problematiken erkennbar. Die allgemeine körperliche Leistungsfähigkeit und eben vor allem auch die Sexualität, die ja beide Komponenten umfasst, sind aber zentrale Punkte, an denen sich die Problematik des Älterwerdens kristallisiert.

Sind Schönheitsoperationen bei Männern ein Thema?
Immer mehr, aber es scheint, als würden die gut orientierten Männer mit diesen Anliegen direkt die Spezialisten aufsuchen. Zumindest sehen wir weitaus häufiger Augenlidkorrekturen und Haartransplantationen als früher. Entgegen der landläufigen Meinung, nur Frauen seien täglich mindestens einmal mit ihrer Haarpracht nicht zufrieden, sind die Haare für viele ältere Männer sehr wichtig, so gewissermaßen als äußeres Attribut noch vorhandener Jugendlichkeit.

Kann eine Testosterongabe den Haarausfall verlangsamen oder gar stoppen?
Nein. Im Gegenteil. Eine der gängigsten Nebenwirkungsklagen der Hormonabgabe ist, die Haardichte habe sich gelichtet. Manchmal wird eine Behandlung deshalb sogar abgebrochen.

Frauen haben ab fünfzig weniger Vorbilder. Wie sieht das bei Männern aus?
Wenn Sie mich fragen: Wir Männer über fünfzig haben durchaus unsere Vorbilder, denen wir nacheifern können und die wir bewundern. Es können Exgrößen des Sports sein – denken Sie nur an Pele – oder auch Musiker wie Mick Jagger oder Künstler wie Picasso. Stars wie diese scheinen uns Männern oft zu helfen, die eigene Identität in neuen Lebensabschnitten zu finden.

Viele ältere Männer spüren einen zweiten Frühling, wollen noch einmal Vater werden. Hat ihre Zahl in Ihrer Praxis zugenommen?
Ja, eindeutig. Die Zahl sogenannter älterer Väter nimmt zu. Und das Durchschnittsalter nicht nur der Frauen, sondern auch

der Männer bei der Geburt des ersten Kindes ist deutlich gestiegen. Dazu kommt ja eben, dass viele Männer eine serielle Monogamie leben, das heißt, im Laufe des Lebens mehr als nur eine Frau heiraten. Dabei werden sie naturgemäß älter – die Frauen aber bleiben jung. Dass die zweite oder dritte Frau selber auch Kinder haben möchte, vor allem, wenn sie noch keine hat, ist verständlich. Der potenzielle Vater aber hat dabei oft schon ein fortgeschritteneres Lebensalter erreicht.

Wie stehen Sie zur späten Vaterschaft?
Grundsätzlich müssen diese Männer das Heranwachsen ihrer spät gezeugten Kinder erleben können – die durchschnittliche Lebenserwartung minus rund 25 Jahre Heranwachsen und Erstausbildung geben hier also schon einen klaren Hinweis darauf, wie sinnvoll dieses »Projekt« noch ist. Aber auch rein medizinisch finden sich bestimmte Leiden bei Kindern älterer Väter häufiger, was eben doch skeptisch macht. Es ist nun aber nicht die Aufgabe des Arztes, sich in die individuelle Familienplanung einzumischen, es sei denn, schwere gesundheitliche Risiken würden dies verlangen.

Oft sind es ja die Frauen, die sich noch ein Kind wünschen, und die Männer fügen sich in ihr Schicksal. Machen Sie diese Erfahrung auch in Ihrer Praxis?
Ja. Häufig haben diese Frauen noch keine eigenen Kinder, die Männer hingegen schon. Zu behaupten, »alte« Väter seien in jedem Fall nicht begeistert von einer weiteren Familiengründung, wäre aber sicher falsch. Dennoch lehrt die Erfahrung, dass der dringende Wunsch nach weiterem Nachwuchs selten von ihnen ausgeht. Andererseits wollen sie ihre neue

Partnerin nicht verlieren, sodass Kompromisse eingegangen werden.

Hat Ihnen Ihre Arbeit mit alternden Männern geholfen, besser mit dem eigenen Altern umzugehen?

Ich habe das große Glück, seit Jahrzehnten mit Männern zu arbeiten, die an Symptomen des Älterwerdens leiden. So bin ich gewissermaßen mit ihnen in diese Lebensphase hineingewachsen. Ich wusste und weiß, was kommt oder kommen kann und was ich von einer Behandlung zu erwarten habe. Dies empfinde ich in meinem Beruf, den ich über alles liebe, als ein großes Privileg.

Wie erleben Sie das Älterwerden?

Das ist eine spannende Frage. Ich bin und war vieles: beunruhigt, gespannt, neugierig. Erlebt man selber einschneidende Momente mit unerwarteten, schweren Krankheiten, nimmt das Älterwerden plötzlich konkrete Formen an.

Sie mussten das ja selber erleben.

Beruflicher Erfolg, Glück in und mit der Familie und Freude an der Arbeit haben mich lange Jahre begleitet – die Zukunft hatte klare Umrisse und war unbegrenzt. Eigentlich hätten mich bereits früher Erkrankungen und plötzliche Tode von Freunden dazu bringen müssen, mein Tempo einmal zu überdenken. Aber wenn alles so gut läuft, warum zweifeln? Und dann kam es überraschend – während der Diplomfeier unserer Tochter – zu einem Herzinfarkt. Das zunächst hilflose Erleben von dilettantischen Ärzten vor Ort wie aber auch glücklicherweise nachher von souveränen Spezialisten hat mich schon geprägt – die früher gelebte Sicherheit aber ist unwiderruflich weg. Dass solche Einschnitte helfen, kürzerzutreten, stimmt sicher, nicht jedoch, dass sie geeignet wären, jetzt einfach ein neues Leben zu beginnen. Ich musste zuerst lernen, dass »älter werden« tatsächlich existiert und dass es vor allem heißt, sich nicht nur anders zu orientieren, sondern eben auch viele Pläne aufzugeben – eingeholt von der Realität! Trotzdem schaue ich immer noch erwartungsvoll in die Zukunft.

Ich bin immer noch keine Männerversteherin

»Bist du jetzt eigentlich Expertin für ältere Männer?« Während ich dieses Buch schrieb, wurde ich das ab und zu von Freunden und Bekannten gefragt. Und ich pflegte zu antworten: »Nicht wirklich; Männer sind für mich immer noch ziemlich unbekannte Wesen.«

Doch bei der Expedition in diese fremde Welt konnte ich viele neue Eindrücke sammeln, die mir halfen, einiges besser zu verstehen und einzuordnen. Eine Expertin bin ich deswegen noch lange nicht. Auch keine Männerversteherin. Die will ich auch nicht sein. Es lebe der kleine große Unterschied!

Wichtig und berührend waren für mich die Einblicke in fremde Seelenleben, die mir gewährt wurden. Und dies notabene auch von Männern, die mir bis dahin persönlich nicht bekannt waren. Die ich vielleicht aus den Medien oder höchstens über drei Ecken flüchtig kannte.

Im Vorfeld dieses Projektes hörte ich immer wieder: »Das wird schwierig werden. Die Männer werden sich dir gegenüber nicht öffnen.« Auf meine Frage nach dem Warum hieß es dann nur: »Älterwerden ist bei Männern ein Tabuthema.« Frauen würden sich untereinander eher über ihre Erfahrungen austauschen.

Zu Beginn stieß ich tatsächlich auf gewisse Widerstände. Während es vielen Männern leichtfiel, über ihren beruflichen Werdegang zu berichten, wurden sie stiller, wenn es darum ging, wie sie seelisch mit dem Älterwerden zurechtkamen. Und sprach ich sie auf ihre Ängste und Befürchtungen im Zusammenhang mit dem Altern an, schwiegen viele anfänglich oder bestritten, dass sie solche hätten. Manchmal brauchte es auch mehrere Treffen, bis meine Interviewpartner genügend Vertrauen gefasst hatten, um sich mir gegenüber und damit natürlich auch gegenüber den Leserinnen und Lesern dieses Buches zu öffnen.

Viele der Männer sprechen zum ersten Mal öffentlich über ihre Hoffnungen und Wünsche, Befürchtungen und Niederlagen. Befangenheit von beiden Seiten machte nicht selten den Anfang des Gespräches harzig. Denn natürlich spreche auch ich nicht leicht über sehr private Dinge. Doch viele Gespräche empfand ich als tief und ehrlich. Und ich erkannte Parallelen zum eigenen Älterwerden – wie auch gewisse Unterschiede.

Ja, es stimmt: Frauen sind offener, wenn es darum geht, über das Älterwerden zu sprechen. Obwohl die Themen, die damit verbunden sind, ja nicht zu den fröhlichsten gehören. Um nur einige zu nennen: nachlassende Libido, Einsamkeit, Krankheit, Tod. Alles, was damit verbunden ist, verdrängen Männer viel häufiger. Und das ist kein Klischee.

Gesellschaftlich gesehen, haben aber Männer immer noch einen besseren Stand als Frauen. Sie sind nach wie vor zeugungsfähig. Und haben sie sich einigermaßen gehalten, gelten sie weiterhin als attraktiv und interessant. Wir Frauen dagegen werden gern als alte Schachteln bezeichnet. Ein Mann mit einer zehn oder mehr Jahre jüngeren Freundin wird bewundert, während umgekehrt die ältere Frau den jungen Mann wahrscheinlich »gekauft« hat.

Ob Frau oder Mann: Es braucht Mut, sich aktiv mit dem eigenen Älterwerden auseinanderzusetzen. Ich würde mir wünschen, dass diese Diskussionen nicht nur im privaten Rahmen, sondern künftig auch öffentlich stattfinden. Denn schließlich bringt das Älterwerden nicht nur Beschwerliches, sondern auch Schönes und Bereicherndes mit sich, wie ich in vielen Gesprächen erfahren durfte.

Es gibt definitiv keine Alternative zum Älterwerden. Außer der einen, und die ist mir definitiv zu definitiv.

Unsere Bücher finden Sie überall dort,
wo es gute Bücher gibt, und unter
www.woerterseh.ch

Silvia Aeschbach
Älterwerden für Anfängerinnen
Willkommen im Klub!
Mit Fotografien von Gianni Pisano

176 Seiten, Klappenbroschur
13,5 × 21,2 cm
Print ISBN 978-3-03763-064-8
E-Book ISBN 978-3-03763 590-2

www.woerterseh.ch

In einer auf Jugendlichkeit getrimmten Gesellschaft, die vor allem bei Frauen Schönheit honoriert und diese mit Jugend gleichsetzt, galt eine Frau in mittleren Jahren lange als nicht besonders anziehend. Das beginnt sich jetzt zum Glück zu ändern. Nicht nur die Wirtschaft hat die Altersgruppe ab Mitte vierzig entdeckt, auch die Frauen selbst erfahren sich neu, setzen Prioritäten anders und starten noch einmal durch, egal, ob im Privat- oder im Berufsleben. Abstellgleis war gestern, heute heißt es: Volle Fahrt voraus!
Neben witzigen und pointierten Texten über sich selbst lässt Silvia Aeschbach in diesem Buch in einem Interview auch die Gynäkologin Stephanie von Orelli und in Porträts dreizehn weitere Frauen zwischen vierzig und siebzig Jahren zu Wort kommen. Offen erzählen sie, wie sie die turbulente Zeit im Wechsel der Jahre erleben und wie sie sich den Veränderungen, die unaufhaltsam kommen, stellen.

Silvia Aeschbach
Leonardo DiCaprio trifft keine Schuld
Panikattacken mit Happy End

208 Seiten, Klappenbroschur
13,5 × 21,2 cm
Print ISBN 978-3-03763-049-5
E-Book ISBN 978-3-03763-554-4

www.woerterseh.ch

Die Journalistin und Autorin Silvia Aeschbach war knapp siebzehn, als sie ihre erste Panikattacke erlebte. Ihr Herz raste, sie zitterte wie Espenlaub, hatte Atemnot und schiere Todesangst. Mit viel Humor und einer gehörigen Portion Selbstironie schildert sie, wie sie an den immer wiederkehrenden Attacken fast verzweifelte und was für eine Erlösung es war, als sie – tausend kleine Tode und erst viele Jahre später – endlich eine Diagnose und einen Namen für ihre Krankheit erhielt.
Silvia Aeschbachs Buch »Leonardo DiCaprio trifft keine Schuld« weckt Verständnis für ein oft unterschätztes Leiden, macht Betroffenen Mut und zeigt auf, wie man mit der Furcht umgehen kann. Eine wilde Achterbahnfahrt durch ein Leben mit himmelhoch jauchzenden Glücksgefühlen und entsetzlichen Ängsten und eine ebenso unterhaltsame wie packende Lektüre.

Eine Auswahl unserer Bestseller